ダウンロードできる

英文契約書の作成実務

吉川達夫 飯田浩司［編著］

中央経済社

はじめに

　英文契約書を作成するにあたって必要なものは何だろうか。英文契約書に関する本は多く出版されているが，役に立つものは，使いやすい契約書サンプルと理解しやすい解説である。

　国際法務を始めた約30年前においては，インターネットもメールもなかった。このことで非常に辛い思いをしたことから，最終的に英文契約書サンプル集と解説本を自分で作ることになった。2002年には，中央経済社から『英文契約書の読み方・作り方』が出版され，その後『英文契約書の作成実務とモデル契約書』として第4版まで版を重ねた。

　ところが，今の時代においては，単に英文契約書を並べて解説することでどれだけ役に立つか，悩むようになった。今の時代においても出版物として価値があり，差別化できるものとして，最終的に考えたのが英文契約書のサンプル＋解説＋データと考え，本書はこのコンセプトでまとめることにした。

　この方針にご賛同いただき，本書の出版に向けてご尽力賜った著者先生方並びに中央経済社杉原茂樹氏に厚く感謝するとともに，皆様のお役に少しでも立てば幸いである。

　2018年5月

編集代表　**吉川　達夫**

[ダウンロードの方法]

本書に掲載した英文契約書の書式はダウンロードできます。
「ビジネス専門書 Online」(https://www.biz-book.jp/) のサイトより本書『ダウンロードできる英文契約書の作成実務』を検索し, 編集者からのコメント欄をご覧ください。

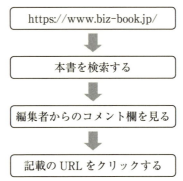

[ダウンロードできる書式]

1　売買契約 (Sales Agreement)
2　ライセンス契約 (License Agreement)
3　合弁契約 (Joint Venture Agreement)
4　株式売買契約 (Share Purchase Agreement)
5　変更契約 (Amendment Agreement)
6　契約解約合意書 (Termination Agreement)
7　コンサルティング契約 (Consulting Agreement)
8　業務委託契約 (Service Agreement)
9　労働契約 (Employment Agreement)
10　雇用終了契約 (Termination Agreement)
11　覚書 (Memorandum of Understanding)
12　秘密保持契約 (Confidentiality Agreement)
13　委任状 (Power of Attorney)
14　保証契約 (Guaranty Agreement)

＊上記書式は, いずれも word および PDF 形式でダウンロードできます。

お断り

本書は特定案件の法律アドバイスでなく, 英文契約書を理解するための資料集です。実際の取引等で使用される場合, 相手国を含めた専門家にアドバイスを求めてください。いかなる場合も編者および著者はその使用による結果に責任を負担しません。また誤植についても責任を負担しません。

目　次

第1章　英文契約書のリーディングとドラフト————1

1　英文契約書のリーディングとドラフトのために必要となるもの————2

2　リーディング・ドラフトに共通する留意点————4

3　その他のリーディングの留意点————8

4　その他のドラフトの留意点————10

第2章　英文契約書作成に関する Q&A 25　英文契約書用語25——13

1　英文契約書の作成実務————14

2　英文契約条項————32

3　国際契約に関わる紛争————52

第3章　Distributorship Agreement から英文契約書を学ぶ——65

1　表題および頭書————66

2　第1条（指名）————68

3　第2条（注文）————70

4　第3条（価格と支払）————72

5　第4条（引渡および所有権）————74

6　第5条（保証）————76

7　第6条（商標，特許）————80

8　第7条（期間および解除）————82

9　第8条（不可抗力）———84

10　第9条（譲渡）———86

11　第10条（機密保持）———87

12　第11条（仲裁）———88

13　第12条（準拠法および言語）———89

14　第13条（完全合意）———91

15　第14条（修正）———92

16　第15条（分離性）———93

17　契約書末尾———94

第4章　さまざまな契約書式 ———95

1　売買契約（Sales Agreement）———96

2　ライセンス契約（License Agreement）———104

3　合併契約（Joint Venture Agreement）———120

4　株式売買契約（Share Purchase Agreement）———134

5　変更契約（Amendment Agreement）———146

6　契約解約合意書（Termination Agreement）———150

7　コンサルティング契約（Consulting Agreement）———156

8　業務委託契約（Service Agreement）———168

9　労働契約（Employment Agreement）———180

10　雇用終了契約（Termination Agreement）———194

11　覚書（Memorandum of Understanding）———196

12　秘密保持契約（Confidentiality Agreement）———202

第5章　付随契約書式 ———209

1　委任状（Power of Attorney）———210

2　保証契約（Guaranty Agreement）———212

3　翻訳宣言書（Translation Declaration）———218

英文契約書のリーディングとドラフト

英文契約書のリーディングとドラフトのために必要となるもの

(1) 語 学 力

　英文契約書のリーディング，ドラフトを的確に行うためには，まず語学力が必要となる。英語の単語や文法についての基礎的な知識が欠かせないのは言うまでもない。もっとも，契約書に用いられる単語や文章はある程度パターン化されたものが多いので，個々の取引に特有の用語を除けば，契約書に用いられる単語はある程度限定されていると言ってよいだろう。

　英文契約書に特有の英語表現もあり，例えば，以下のようなものがある。
　notwithstanding the foregoing： 前記（前項）にかかわらず
　without prejudice to： 〜に影響を与えることなく

　また，契約書に用いられる語彙については，一部に古い英語やラテン語が用いられることも少なくない。古い英語の例としては，以下のような語彙がある。
- witnesseth
　　動詞 witness（〜を証する）に三人称単数を表す eth が付けられたもの。契約書の頭書と前文（whereas clause）の間に定型的に用いられることが多い。
- here-, there-, where-
　　これらの語句の後に，1つ以上の前置詞が付加されて用いられる。例えば，here- の後に to という語を付した hereto，here- の後に in と after 語を付した hereinafter などがその例である。これらの語彙の here- は this，there- は that，where- は which をそれぞれ表している。現代の英語に直すと，herein は in this，hereinafter は，in this and after this ということになる。
　　その他にも，契約書で少なからず見かける古い英語としては，hence（この故に），aforesaid/aforementioned/said（前記の），forthwith（直ちに ＝immediately）などがある。

第1章 英文契約書のリーディングとドラフト   *3*

ラテン語については，使用されるものは限られているが，頻繁に契約書に使われるものがある。具体的には，第2章のQ5に例を挙げている。

(2) 英米法の知識

契約の準拠法が英米法の国や州などの法域の場合は当然であるが，準拠法がそれ以外の法域の場合でも，英米法の契約法の基礎知識は不可欠となる。英語で書かれている限り，用語や条文の組み立てが英米法を背景としたものとなっているからである。

したがって，単なる英語としての意義だけではなく，その語彙が英米法上どういった意義を持つかについて理解する必要が生じる。これについても，第2章でいくつか関連するものを取り上げている。

英米法については，少なくとも契約法について概説したものを読むことをお勧めする。また，契約法の理論や概念が実際に契約書にどのように反映されているかについての実践的な知識を得るために，売買契約，ライセンス契約など，実際にリーディングやドラフトが必要となる契約について，本書第4章にも掲載されているような雛形に目を通し，各条項の内容を理解しておく必要がある。

(3) ビジネスの知識

さらに契約書を理解するためには，それぞれの取引についてのビジネス知識（ビジネスモデル，ビジネス慣行，商品知識，それぞれの当事者のビジネスの方向性など）を有する必要がある。これには，ビジネスについての一般的な知識はもちろん，実際に進められようとしている取引についての個別・具体的な知識が含まれる。そういったビジネス知識があってこそ，**2**以下で述べるような，リーディングやドラフトに当たっての留意点について，適切な対応ができることになる。

リーディング・ドラフトに共通する留意点

　リーディング・ドラフトを問わず以下の点に留意する必要がある。
−取引内容に合ったものであるか
−自分にとって不利な規定が含まれていないか
−規定に不正確なもの，曖昧なものや矛盾しているものがないか
−規定は実用的なものであるか
−自分が期待する効果が得られるか

(1) 取引内容に合ったものであるか

　取引形態，対象物，金額，納期などの契約の前提になっている取引内容が反映されているかどうか確認する必要がある。その前提として，クライアント（法務部の場合はクライアントに当たる部門）から十分に今回の取引について話を聞く必要があり，また，クライアンの説明に語られていないことで重要な問題点がないか，こちら側からもクライアントにさまざまな事項（例えば，取引のきっかけ，取引の目的や期待，ビジネスモデルの内容，避けたい事項など）について十分に質問をし，確認しておく必要がある。

(2) 自己にとって不利な規定が含まれていないか

　契約書の基本スタンスは，自己の権利・権益の最大化を図り，かつリスクを最小限に抑えるということである。リーディングの際に，自己に不利な規定を発見した場合は，自己に有利な形で修正を施す必要があるし，ドラフトの際は，自己の権利，相手方の義務を中心にドラフトを行う必要がある。
　もっとも，当然，相手方当事者も同じスタンスで契約交渉に臨んでくるので，最終的には，程よい妥協点を見つける必要が生じることも否めないが，少しでも自己の権利・権益を確保すべく交渉を重ねていくことになる。自己の立場か

ら絶対に譲れない権利・権益は何か，絶対に取れないリスクは何かを見据えて交渉に臨む必要がある。また，同一の当事者とのこれまでの契約や他の当事者との契約との関係で障害がないかについても留意する必要がある。

一般的に，契約書は Win-Win が望ましいと言われる。あまりに自己に有利すぎる契約は，相手方にとっては極めて不利な契約ということになる。当該取引が相手方にとって無くてはならない取引である場合や相手方が契約の内容に無頓着である場合などでは，そういった不利な契約であっても相手方は契約を締結する可能性が高い。

しかし，前者では相手方にとっての当該取引の重要度に変化が生じた場合や，後者では締結後に契約の不平等さを認識したような場合，相手方が当該取引に対する魅力を失い，契約に基づく義務を相手方が熱心に履行しなかったり，そもそも履行しないなどのトラブルに発展する可能性が少なくない。

そういったことを考えると，自己の権利・権益，リスクを有利に進めつつ，相手方のそれとのバランスを図ることも重要と言える。

(3) 盛り込むべき規定がすべて盛り込まれているか

英文契約書が用いられる国際取引は，慣習・文化・法制度などが異なる国の当事者間の取引であるので，一方当事者にとっての常識が他方当事者にとっての常識とは限らない。また，自国以外の法律が契約の準拠法とされる場合，その準拠法に思わぬ落とし穴が潜んでいる可能性もある。

英米法の口頭証拠排除法則によると，契約書に書かれていないことについては，仮に契約締結前に当事者間に合意がなされていたとしても，これを主張することができなくなってしまう（第2章 Q22参照）。したがって，契約書には，取引を行うにあたって必要となる事項がすべて盛り込まれている必要がある。

日本の国内の契約書では，問題が生じた場合の対処方法を具体的に記載していない契約書も少なくない。しかし，いったん問題が生じた後に，その問題をどのように解決するかを話し合いで取り決めることは極めて困難である。将来発生しうる問題を想定して，契約書にはそれらの場合の具体的な対処方法を盛

り込んでおく必要がある。

⑷　規定に不正確なもの，曖昧なものや矛盾しているものがないか

　盛り込むべき事項については，契約書にすべて盛り込まれていたとしても，それらの規定に不正確なものや曖昧なものがないか注意する必要がある。実際に，後日の契約書をめぐるトラブルは，こういった記載上の問題に起因する場合が多い。

　契約書の交渉の過程では，その際の心象を元に契約書を読むことから，正確な内容であり，かつ曖昧な部分もないと思いがちであるが，後日，読み直してみると不正確であったり，曖昧であったりすることに気づく場合が少なくない。契約書の記載内容は，誰がいつ読んでもその意味するところに疑義が生じないものとなっている必要がある。

　とりわけ，企業の契約では，契約の交渉に直接参加した者以外にもさまざまな人が契約の履行に関与することになるし，また長期に及ぶ契約では，契約の交渉に直接参加した者は退職していなくなっている場合も少なくない。そのような場合でも，解釈に疑義が生じないように正確であり，かつ曖昧でない表現に留意する必要がある。また，契約書を巡って仲裁や裁判などによる紛争解決に至った場合は，仲裁人，裁判官，陪審員などの第三者が契約書に基づいた判断を下すことになるので，第三者にもわかりやすくかつ解釈に疑義が生じないものである必要がある。

　定義が不正確であったり，曖昧であったりすると，対象となる製品，技術などの契約の客体をはじめとし，契約の重要な事項の意味合いが大きく変わってしまう。定義条項は多くの場合無味乾燥に思われがちで，十分吟味しないで進めがちであるので，注意が必要である。

　また，同じ契約内において，あるいは他の契約との関係において，矛盾した内容が含まれていないか留意する必要がある。

第1章　英文契約書のリーディングとドラフト　　7

⑸　規定は実用的なものであるか

　契約の内容が素晴らしいものであったとしても，当事者がそれを実現することが困難である場合には，契約は絵に描いた餅になってしまう。当事者の身の丈にあった内容となっている必要がある。

　また，法的観点からは素晴らしい契約であったとしても，効率性などを含む経営的観点とのバランスにも留意する必要がある。法的な観点からは漏れがないとしても，契約を履行していく上で過度に時間や労力を要する契約内容になっていると，ビジネスを阻害してしまうことにもなりかねない。

⑹　自己が期待する効果が得られるか

　契約書に書かれた内容が違法であったり，法令などによって効果に制約がある場合，契約あるいはそれらの項目が当事者の思うような機能を果たせないことになってしまう。準拠法はもとより当該取引に適用される可能性のある法域の法令などに照らし合わせて当該契約書の成立や条項の有効性に問題があるものがないか確認する必要がある。契約の種類によっては，通常の契約よりも厳しい成立要件（公証人の認証，届出など）を定めている場合がある。また，前記⑵でWin-Winが望ましいと書いたが，一方当事者があまりに有利な契約書は，独占禁止法，代理店保護法，その他一定の地位にあるものを保護することを目的とする法令などに抵触する場合が少なくなく，とりわけ注意が必要であると言える。

3 その他のリーディングの留意点

　リーディングにおいてまず心がけることは，実際のビジネスに照らし合わせながらじっくりと読むことである。そのうえで，上記2に書いた留意点を踏まえて，問題点がないかチェックし，必要に応じて対案を作成していくことになる。とりわけ，重要な契約，複雑な契約，企業のさまざまな部門が関与する契約などについては，契約書の条項を別途一覧表に転記し，条項ごとにポイントや対案，検討の責任部署などを記載したうえ，これを回覧し，各責任部署からの意見やコメントを集め，これをさらに共有し，関係者の契約内容や交渉ポイントの要点について関連部署の共通理解を図ると共に，社内会議などの資料として活用することが有益である。

　相手方当事者がドラフトした契約書は，相手方当事者にとって望ましい項目が相手方当事者に望ましい形でドラフトされているので，問題がなさそうに思われる条項についても懐疑的に何度か読み直してみることが重要である。

　相手方当事者のドラフトした契約書の中に，意味がわかりにくい条項が含まれていることがよくある。当該取引について相手方当事者の方が経験豊富で，自らにあまり経験がないような場合，わかりにくさは自己の経験不足によるものと思いがちである。しかし，こういったわかりにくい条項は，曖昧な表現であったり，あるいは落とし穴が隠されている条項であったりすることがよくある。わかりにくい条項については，躊躇なく，ドラフトをした相手方当事者にその真意を確認するなり，自分の理解を元にわかりやすいように書き改めるなりする必要がある。

　修正が必要な箇所については，修正の方向性を相手方当事者に伝え，相手方当事者に実際の修正を行ってもらう場合とこちら側から修正案を提示する場合があり，当事者の立場，取引の内容，修正の内容などを考慮して方法を選択することになる。先方のドラフト自体に直接修正を施していく場合は，変更履歴

第1章　英文契約書のリーディングとドラフト　　9

を残す形で修正を行うことが一般的である。

　また，必要に応じてコメントを付記すれば，相手方当事者が修正の趣旨を理解しやすくなり，交渉を効率的に進められる。修正箇所が少ない場合は，当該修正条項案（場合によってはその修正趣旨を付記）だけを別途メールやファックスで相手方に送る場合もある。

　決裁権者・関係者の語学力の壁や時間的制約との兼ね合いで，和文翻訳を準備する必要がある場合もあろう。翻訳にすると意味がわかりにくくなり，細かいニュアンスがうまく伝わらない場合もあるので，そういった箇所には解説を加えると同時に，可能な限り英文の契約書を合わせて読んでもらうように依頼する必要がある。

4 その他のドラフトの留意点

2に書いた留意点に加え，ドラフトにおいては以下の諸点にも注意する必要がある。

(1) ドラフトをどちらが行うか

ドラフトについては，可能な限り自己の側からドラフトを出すべきであると言われている。自らがドラフトすることによって，自らの立場から必要な条項だけを，自らに有利な内容で盛り込むことが可能であるし，また自らがドラフトを相手に提示するタイミングを決めることができるので，交渉のペースを支配しやすいからである。

もっとも，取引の種類によっては，一方側事者が他方当事者よりも取引内容について知識を有していたり，取引の種類によってはどちらの立場の者がドラフトを作成するかが慣例的に決まっているなどの理由で，どちらがドラフトするかがおのずと決まってしまう場合もある。こういった場合は，相手方にドラフトを作成してもらうのもやむを得ないが，それ以外の場合は，自らドラフトするように心がけるべきであろう。

(2) わかりやすさを心がける

仮に正確で，かつ曖昧でない規定であったとしても，わかりにくい規定であれば，その意味を取り間違えたり，そもそも意味するところがわからないという結果を招いてしまう。ドラフトされた文章もその後修正可能ではあるが，最初のドラフトにある文章構成や文体はその後に修正案にも何らかの影響を残してしまうことが多い。

また，ドラフト内容がわかりにくい場合，社内の関連部署や相手方当事者にドラフト内容を理解してもらう上で不必要な時間や労力がかかることになって

しまう。そうなると，契約交渉が円滑に進まず，契約の締結がそれだけ遅れてしまう結果にもなりかねない。

したがって，ドラフトを行う場合は，このわかりやすさに十分配慮する必要がある。わかりやすい条項にするためには，以下のような点に留意する必要がある。

① 短い文章を心がける

正確さの維持，曖昧さの排除を図りつつ，可能な限り文章を短くするように努める。そのためには，一文には複数のアイデアを盛り込まない，意味を伝える語（working words）以外の語をできるだけ少なくする，動詞の名詞化を避ける，主語・述語・目的語を離さないなどの配慮が有益である。

説明が長くなりそうな語彙については，定義条項で定義することにより，文章の短縮化が図れないか検討する。

② 受動態は極力避け，能動態を用いる

受動態を使うと主語がはっきりしない結果となりやすい。また，上記①で述べた，能動態に比べ，意味を伝える語（working words）以外の語が増え，主語・述語・目的語が離れ，文章が長くなる結果となってしまう。

③ 法律家の業界用語（Legalese）を不用意に用いない

法律用語は，契約という性質上，仮にそれが一般的に馴染みにないものであっても用いるべきであるが，それ以外の契約に不可欠とは言えない業界慣行的な表現や用語については，それが本当に必要であるかを十分に吟味し，一般的に馴染みのある表現や用語を用いても差し支えない場合は，そういった表現や用語を用いるようにする。

④ 抽象的な表現や回りくどい表現を用いない

可能なかぎり具体的で直接的な表現を用いる。二重否定も極力避ける。

⑤　**句読点や箇条書きを活用する**

　長い文章で文の分割が困難なものについては，句読点を打つことや箇条書きにすることによって，読みやすい表現となるように工夫する。

(3)　そ の 他

　契約のテンプレート（雛形）を用いることは有益であるが，そのテンプレートがどちらの立場（例えば売買契約の売主であるのか買主であるのかなど）に立って書かれたものであるかを確認し，自らの立場に合ったテンプレートを用いることが重要である。テンプレートを元にドラフトをする場合は，テンプレートに盲従することなく，自らの立場，個々の取引の背景，具体的な取引内容に応じて変更や加除を行っていく必要がある。

　これまでに別の当事者と同様の契約を締結している場合，その契約をベースとして新たな契約をドラフトすることも少なくないかと思われるが，その際は，既存の契約の最終ドラフトに至るまでの変更履歴が今回相手方に提示するドラフトに記録されたままになっていないか留意する必要がある。

　また，プロパティなどのファイルに関する設定情報に過去の契約当事者の名称が残ったりしていないかについても留意する必要がある。

第2章

英文契約書作成に関する
Q&A 25
英文契約書用語25

本章では英文契約書作成に関する QA および英文法律
用語をそれぞれ25ピックアップした。

英文契約書の作成実務

Q1 　国際契約書におけるサイナー

> 国際契約書にサインを求められた。国際契約書における契約署名権限はどのように確認すべきか。Vice President（副社長）であればサイン権限があるといえるか。

　Vice Presidentに契約締結権限があるだろうと推測するのは危険である。そもそも相手方の国の法律において，Vice Presidentに契約締結権限があるかはわからない。外資系企業では，副社長，英語で「Vice President」の肩書きを有する社員は少なくない。

　日本でも銀行の「支店長代理」といった肩書きの行員に支店長が有する権限のすべてに代理権限があるわけではない。さらに，名刺に副社長との記載が日本語ではないのに英語でVice President，カタカナで「バイスプレジデント」と記載されていることもある。つまり，Vice Presidentに契約締結権限があるかは判明しない。

　契約書のサイナーに署名権限があるかどうかは，弁護士からの意見書やサイン権限があること（並びにサインが真正であること）の確認書で確認できる。一方，国際契約書においては，会社を拘束する契約を締結する権限があるかについて，「表明と保証」（representations and warranties）条項を設け，署名者にその正当な権限を有することを保証する旨の一文を入れ，同時に①法的制度を確認する，②サイン証明を取得する，③定款でサイン権限者を確認する，④取締役会の承認を取得すること，が考えられる。

　法的にはapparent authority（外観上の権限）がある場合，会社が拘束され

るという理論はあるが，法的安定性なく契約を履行することはできない。日本法において，会社を代表するのは代表取締役である。会社法第354条によれば，社長，副社長，専務取締役，常務取締役その他会社を代表する権限を有すると認めるべき名称を付し，取締役のなしたる行為については，会社は善意の第三者に対しては責任を持つ（「表見代表取締役」という）。

日本の当事者については，契約書に実印を契約書印鑑として使用し，印鑑証明書を徴収することも考えられる。

サイン権限があることについての保証表明条項

Each signatory person to this Agreement represents and warrants that he or she is duly authorized and has legal capacity to execute and deliver this Agreement.

25の英文法律用語

1 assumption of risk 危険の引き受け

過失責任や製造物責任を排除する理論の一つ。免責同意書などにこの文言がみられる。他の排除理論に誤用（misuse）がある。

Q2 国際契約書とサイン証明

> 国際契約の相手方からサイン証明を求められたが，どうすればよいか？　公証人によるサインの認証はどうすればできるか。海外の相手方からはどのような証明が送られてくるのであろうか。

　サインが真正であるかどうかについての証明にはサイン証明が利用される。日本でサイン証明を取得する場合，日本の公証役場と商工会議所に登録したサインが同一であるかを各地の商工会議所に証明してもらうことができる。米国でサイン証明を取得する場合，Notary Public（公証人）に証明してもらう。

　米国における公証人によって認証が必要な契約書として，家の売買契約，委任状作成，自動車の譲渡契約等があげられる。日本における実印と印鑑証明のように機能する。

　一方，米国会社の法務部には公証人資格を持った弁護士がいるのが通常であり，日本のようにわざわざ公証人役場に行く必要がなく，会社で公証手続きを終了することも多い。このように社内における証明書が送付されてくる場合がある。米国の都市には公証人役場もあり，これも利用できる。免許証などで本人確認をした後，公証人の前でサインをして，その本人がサインした事を公証人に証明してもらうことができる。費用は，書類の長さにより，州によってページの上限額が設定されているが，$50程度と考えておけば良い。日本におけるアメリカ大使館においても，日本に居住する米国人並びにグリーンカード保有者のために公証サービスが実施されている。

　日本の商工会議所では，日本語の原本を他言語に翻訳したものに英語等に翻訳したものについて，「翻訳に関する申請者宣誓書」を取得することもできる。申請にあたっては，申請者宣誓書，翻訳文，日本語原本の3点が必要であり，会社定款などについて翻訳に関する証明書を取得できる。

Notary Form 公証フォーム

I, _____. a Notary Public, do hereby certify that on this __day of _____, 201_, personally appeared before me _____, known to me to be the person whose name is subscribed to the foregoing instrument, and swore and acknowledged to me that he executed the same for the purpose and in the capacity therein expressed, and that the statements contained therein are true and correct.

25の英文法律用語

2　complaint　訴状，請求状

　原告によって作成された裁判における訴状や請求者による請求状。米国では原告が訴状を送達し，これによって裁判手続きが始まる。請求状は，契約当事者間で相手方にクレームを行う書面として使われる。

Q3　国際契約と収入印紙

国際契約には収入印紙を貼らなくてよいのか？　英文契約書に収入印紙を貼るのはおかしくないか。

　日本で作成された国際契約には収入印紙を貼付しなければならず，国際契約が非課税というのは誤解である。国際契約締結によって日本の印紙税脱税にならないかを確認し，どのように作成されたかの記録を残すことが必要である。国際契約が英語でなく日本語で作成された場合も同様に印紙税の納付が必要となる。

　日本の印紙税法によれば，課税文書については印紙を貼付することが求められている（詳細は，印紙税法別表第一課税物件表を参照のこと）。印紙税法は当該契約成立地あるいは締結地が日本である場合にのみ適用がある。つまり，日本以外の国で契約が締結され成立した場合，その締結，成立された管轄地での印紙に関する法が適用されることになる。なお，日本以外にも印紙税が課税される国もあるので注意が必要である（現地弁護士に確認することが望ましい）。

　国際的取引に関する契約は，契約の一方当事者が日本法人であり，他方当事者が他国の法人である場合が多い。このような場合，対象となる契約が日本で締結されていない場合，つまり契約の当事者の署名者が日本以外の国で調印を行った場合，あるいは契約に最後に調印したのが外国の当事者である場合，日本の印紙税法の適用はない。ただし，契約書の保存という観点から見れば，どの場所で契約書が完成したかはわからなくなり，印紙税法違反を疑われることになりかねない。

　また，契約当事者が両者とも海外法人であるのに，日本において，日本語で作成し，保存も日本である場合（例えば，ケイマン諸島の2法人間の契約書），印紙税の納付が必要となる。日本語による契約書であるからとか，印鑑を利用

するから納付義務があるというのも間違った理解である（アジアの国との契約ではサインでなく印鑑を利用することがある）。

　日本においては，貼付された印紙の再使用を防止するために割印を押印する。国際取引契約書においては，署名者のイニシャルを貼付された印紙にも付記してもらう方法で実質的に割印と同じ効果（印紙税納付）が得られる。

印紙税負担条項英文契約例

The stamp duty and registration charges payable in relation to or arising out of this Agreement shall be borne and paid by the Licensee.

25の英文法律用語

3　consideration　約因

　英米法において，契約成立のために必要とされる対価関係。双方の義務，不利益と理解されており，片方しかない場合は約因がないとされる。例として贈与契約である。

Q4 英文契約書の修正

英文契約書が製本され，署名をする準備をしているときになって，契約書の一部に誤記があることがわかったが，どのようにすればよいか。

　本来，署名の段階でオリジナル契約書の修正することは避けるべきである。取締役会，営業責任者，法務，財務などから承認を取得したドラフトと異なった条項の契約書にサインすることになるからである。もちろん，権限あるサイナーや承認が必要な者が承認すれば修正することは問題ないとは言えるが，クリーンでミスのない契約書書面を作成すべきである。

　修正依頼は，相手方がサインした後，他方当事者に送付したときに，「単純ミスが判明した。修正に同意するのであれば，確認してサインして2部送付してほしい。当方が修正確認をして1部を返送する」といったようになされる。両者が同意しているのであればあえて拒否することは必要ない。

　修正すべき部分に横線を引き，余白あるいは行間に訂正後の文言を記入し，訂正個所あるいは余白にイニシャルを記入する。訂正する部分の分量が多く，この方法で対応しきれない場合，修正契約書を作成し，本契約と同時に締結するという方法もある。

　しかし，同日付で異なる契約書が作成されるというコンプライアンス上の問題を生じかねない。2つの契約書を同日付で作成するのであれば，訂正する必要がない契約書を作成すれば良いのである。なお，サインするときに各ページにイニシャルすることもあるが，サインする者（通常は会社トップ）に負担をかけることになるので，省略されることが多い。

　日本語契約書を訂正する場合は，「〇〇字加入」，「〇〇字削除」，などのように，訂正する個所に対象となる部分の文字数や行数を記入のうえ，捺印（訂正印）することが一般的である。

先方へ訂正サインを求めるときの手続きに関する説明文例

- We will line through the incorrect information "===" in page X line Y.
- Insert the change, "===".
- We will date and initial the change.
- We will send the original two agreements to you.
- Please confirm the change.
- Date and initial the change.
- Please keep the one original agreement and send the other original to us.

25の英文法律用語

4　d. b. a doing business as　屋号

　法人格を持たずに屋号，通称で運営される場合に使用される組織名。個人の
ビジネスで商店として営業するような場合に使われる。契約書の相手方になっ
た場合，法的拘束力に問題が出るので注意が必要である。

Q5 英文契約書とラテン語

英文契約書では，なぜ英語でないラテン語が使用されているのか。
使用する必要があるか。

　国際英文契約書ではラテン語の用語を用いることがある。ラテン語の用語も
法律専門用語として契約書に使用され有効である。契約作成時にあえて使用す
る必要はないが，使用する場合，イタリック体にすることもある。こういった
ラテン語による法律用語の意味を理解する必要がある。ラテン語は現代ヨー
ロッパの言語の源であるが，現代の契約書にも使用されている。

　terms and conditions のような同義語反復とは，Norman French を話す支
配階級と英語しか話せない被支配階級の Anglo-Saxons との間の言語障壁を取
り除くため，同義語を並列する方法を取ったと言われている。

　なお，あえてラテン語を使用しなくとも英文契約書を作成することができる。
例えば inter alia は among other things，pro rata は in proportion to といっ
たようにラテン語を排除できる。

　ラテン語用語の例：bona fide（善意の）

　　　　　　　　　de fact（事実上は）

　　　　　　　　　force majeure（不可抗力）

　　　　　　　　　in lieu of（～の代わりに）

　　　　　　　　　inter alia（他と一緒に）

　　　　　　　　　mutatis mutandis（同様に）

　　　　　　　　　pari passu（同順位で）

　　　　　　　　　per annum（毎年）

　　　　　　　　　Per diem（毎日，一日あたり）

　　　　　　　　　pro rata（その割合に応じて）

　　　　　　　　　quid pro quo（対価）

vice versa（逆に）

---

① **mutatis mutandis を使用した英文契約書条項例**

The provisions of Article 1-4 of this License Agreement shall also apply mutatis to sublicense contract.

② **in lieu of を使った省略語：PILON（Payment in lieu of notice）**

労働法用語。雇用主が被雇用者に対して，労働をしない代わりに金銭を交付すること。

③ **in lieu of を使用した英文契約書条項例**

This warranty is in lieu of all other warranties express or implied.

25の英文法律用語

5　defendant　被告

裁判における訴えられる当事者。third party defendant とは，被告がさらに第三者を訴訟に引き込んで訴訟（third party complaint）を提起して訴える場合のことである。

Q6　国際契約の製本，袋とじ，Seal

国際契約を締結することになったが，相手がたから袋とじをした
ほうが良いと言われた。日本と同じようにすればよいのか。どの
ようにすればよいか。

　国際契約において，袋とじや社印（Seal）は必ずしも必要とはされない。契
約書の綴じ方としては，左上の1箇所をホチキスでとめることが通常である。

　日本で作成される国内契約書では，袋とじしや製本テープを使用せずに，ホ
チキスを2箇所押して，各ページに割印を押すのが実務では一般的である。し
かし，ページ数が多くなる場合や紙面差し替えによる改ざん防止のため，重要
文書の場合には袋とじを行う場合もある。

　国際契約における類似の改ざん防止策として，綴じる側の隅を糸ですべて縫
いつけるとか，はずせないように金具をつけるなどの方法もある。割印の代わ
りには，双方当事者の小さなサインやスタンプを各ページにつけて差し替え防
止を図ることもある。契約書を糸で縫いつけ，交わる部分にろうで固めたうえ
で印を押すことも Seal というが，単なる紙でできたシールで代用する場合も
ある。

　米国では捺印証書（deed）の場合，署名欄の後に Seal を押すことになる。
これも，ろうを使わずインクやシールで代用することもある。ただし，多くの
州では捺印証書と通常の契約書の効力相違をなくしているので，捺印証書にす
ることは現実的に必要ない。しかし，不動産担保契約などでは歴史的な経緯か
ら現代においても捺印証書で作成されている。

　契約書を2社で作成した場合には，2つの原本を作成することが多いが，そ
れ以上の数による原本を作成することもある。なお，当然のこととして，それ
ぞれの契約内容は同じでなくてはならない。最近は，E-Signature として，サ
インを電子的に行い（デジタルサイン），仮にサインしても書面のやり取りを

行わず，PDF 化して取り交わすことも多い。

Counterparts 英文契約書条項例

This agreement may be signed in any number of counterparts. Each counterpart is an original. Together, all counterparts form one single document.

PDF サイン英文契約書条項例

This Agreement may be executed by facsimile, portable document format (.pdf) or similar technology signature, and such signature shall constitute an original for all purposes.

25の英文法律用語

6 discovery　証拠開示手続

　米国の訴訟では，証拠開示手続きによって相手方から必要な証拠を集め，これをベースに訴訟が行われる。最近では E Discovery として電子的に報告がなされる。その内容は広範囲である。

Q7 英文契約書における大文字

英文契約書において，保証制限条項はなぜすべて大文字で書かれているのか。

　米国法によって，英文契約書の条文がすべて大文字になっている場合，そのまま大文字記載しておき，修正すべきでない。保証制限条項は英米法上，保証には，明示保証（express warranty）と黙示保証（implied warranty）があるが，保証制限条項によって保証を排除する場合，米国統一商事法典（Uniform Commercial Code）は，これによって不利益を受ける当事者を保護する観点から，一定の要件を課している。

　商品性の保証（UCC2-314, warranty of merchantability：商品性を有するということ，つまりその種類の物品が通常購入される目的に適合しているという保証）を排除するためには，「商品性」（"merchantability"）についての言及がなければならず，かつ書面による場合は，そのような排除が明瞭（conspicuous）にされなければならない（UCC2-316）。

　特定目的への適合性の保証（UCC2-315, warranty of fitness for particular purpose：物品を購入する買主の目的に物品が適合しているという保証）を排除するためには，書面で，かつ明瞭になされなければならない（UCC2-316）。「明瞭に」の定義はUCCにおいて定められているが（UCC1-201(10)），具体的方法について記載があるわけではない。そのため，すべて大文字で書く，太字で書く，アンダーラインを引くなどの方法が取られている。

　したがって，米国法を準拠法にする契約書の場合，通常の文字の大きさに直すと保証の排除が効力を生じないことになる。また，仮に準拠法が米国法でない場合であっても，国際契約では，これらの保証の排除条項が大文字や太字で書かれることが慣例なので，これを通常の文字に直してしまうことは，やはり，これらの排除条項の有効性に疑義を生じるおそれがあるので避けるべきである。

なお，全て大文字にする場合，スペルミスに気をつける必要がある。

保証排除条項例

EXCEPT AS EXPRESSLY SET FORTH IN THIS AGREEMENT, THE SERVICES ARE PROVIDED "AS-IS" BASIS WITH NO WARRANTIES. SERVICE PROVIDER EXPRESSLY EXCLUDES AND DISCLAIMS ANY WARRANTIES UNDER OR ARISING FROM THIS AGREEMENT, WHETHER EXPRESS, IMPLIED OR STATUTORY, INCLUDING WITHOUT LIMITATION, THE IMPLIED WARRANTIES OF MERCHANTABILITY, FITNESS FOR A PARTICULAR PURPOSE, TITLE, NON-INFRINGEMENT OR ANY OTHER WARRANTY WHATSOEVER.

ここでは，明示，黙示，法定を問わず，かつ限定されることなく，商品性の保証，特定目的への適合性の保証，権限，非侵害，あるいはその他の保証を排除している。

25の英文法律用語

7　force majeure　不可抗力

当事者の責によらずして契約不履行が起きた場合，履行遅滞等の責任を取らなくて良いとする概念。法律上の明確な規定がないことが多く，契約書ドラフティングで何を不可抗力として定義するか重要である。

Q8 国際契約書のタイトル

国際契約書のタイトルはどうつけるべきか。何かルールや規則は
あるか。

　契約書のタイトルには，契約の目的についての簡単な記述が付されることが
多く，契約書のタイトルの違いによって法的効力が異なることはない。ただし，
意味のない用語や関係ない言葉を使用することは避けるべきであり，契約書の
中身と矛盾するような契約書タイトルをつけた場合，後に契約書の成立や合意
事項も争いになることになるので注意すべきである。例えばタイトルが
Exclusive Distributor Agreement（独占的販売代理店契約）であるのに，契
約書の本文において独占的販売権を与える記述がないような場合は後に問題が
生じてしまう。

　英文契約書において，Agreement という単語のみがタイトルとして使われ
ることは多くなく，Sales Agreement（販売契約），Distribution Agreement
（特約店契約），Licensing Agreement（ライセンス契約），Confidential
Disclosure Agreement（秘密保持契約），Joint Venture Agreement（ジョイ
ントベンチャー契約）などいずれかの当事者の立場を記載するのでなく中立的
な単語とともに Agreement という用語が使用される。

　一般的には，Agreement for Sale and Purchase でなく，Sales Agreement
や Supply Agreement といった用語が使用されるべきとされている。タイト
ルはすべて大文字で記載されることもある。

　Memorandum of Understanding は日本での契約と同様「覚書」として使わ
れている。Contract は，いわゆる契約全般を表すが，契約書のタイトルでは
あまり使われない。覚書だから契約書でないと主張されることもあるが，これ
は間違えである。

　日本の契約においても，「契約書」，「覚書」等のタイトルが付されることが

多いが，契約書タイトルの差異で法的効力に違いはない。

商標ライセンス契約におけるタイトル表記（商標名を付した場合）:

TRADEMARK LICENSE AGREEMENT

FOR

"ABC" ™

25の英文法律用語

8　forum non convenience　フォーラムノンコンビニエンス（不便宜法廷地）
　　他の管轄における裁判が適切だと判断される場合，管轄権を行使しないとする考え方。これによって，自分に有利な裁判を求めて管轄地を探すということを阻止することができる。

Q9 英文契約書における shall と will の使用方法

shall と will が混在した英文契約書が原案として先方から送られてきたが，問題ないのであろうか。そもそも契約書になぜ will を使用するのか。

　shall と will が混在している国際契約は多く見られる。理由として，契約条項の寄せ集めや特に意図を持たずドラフトしたことによって，統一されていない契約ができてしまう場合がほとんどであるが，意図的に区別して使用される場合もある。日本側でレビューする場合，shall と will をすべて統一するように修正することを要求することまではあまり必要ない。特に，こういった文法的な修正に注意を払いすぎ，本来慎重に行うべき修正がなされないことを避けるべきである。

　shall という単語は，一般的な用法では未来をあらわす助動詞であるが，契約書に使用される場合には何らかの行動を求める義務をあらわす助動詞として使われる。例えば，A shall pay（　）Japanese yen to B by the end of each month. は，「Aは毎月末までにBに対して（　）円を支払う義務がある。」という意味になり，翻訳的には文末を「〜しなければならない。」を「〜するものとする。」と訳すことが多い。一方，will は一般的に弱い義務や将来の一定事由が生じたときの義務の場合に使用されていると言われる。

　定義条項にも shall が使われる。例えば "Product" shall mean 〜 " のような用法であり，shall は何らかの行為をしなければならないという意味で用いられるのが通常であるが，この場合「本製品とは〜を意味する。」となる。当事者がある権利を有するという意味で使われている X shall have the right to inspect Y's manufacturing facility. という文章がその例であるが，" X has the right to inspect Y's manufacturing facility" とか，"X is entitled to inspecting Y's manufacturing facility" という表現を使って shall を使わないこ

ともできる。

Force Majeure 条項における will と shall が両方使用されている英文契約書例

Force Majeure. Neither party is liable for any delay or failure in performance due to acts of God, earthquake, floods, riots, fire, epidemics, war or terrorism. Each party <u>will</u> immediately notify the other party of the occurrence of such an event affecting such party and <u>shall</u> use all reasonable efforts to recommence performance as soon as possible.

25の英文法律用語

9 indemnity 補償
　契約違反があった場合，違反のない当事者が受ける補償。どの範囲で補償するかを取り決めることが必要である。

2　英文契約条項

Q10　Whereas Clause

> Whereas Clause は契約条項でないから拘束力はないので，将来的な事業展開における本契約の位置づけなどを自由に記載してよいのか。

　Whereas Clause は，Introduction Clause とも呼ばれ，法的拘束力がないとされているが，契約本文の内容が不明確な場合，裁判所が契約の解釈や契約に至った過程に使うので，記載内容をきちんと確認すべきであり，事実でない事項については記載すべきでない。また，Whereas Clause を設けない契約書も有効であり，あえて記載する必要もない。

　英文契約では，契約書当事者の表記の後に WITNESSETH: や preamble, recital などの「前文」を示す一語が書き，第 1 条の前に WHEREAS で始まる Whereas Clause を設けることが多い。もともと whereas は，古語で「故に」という言葉で，契約に至った事情や意図を説明し，事実を表明し，精神的条項を記載する（例：両当事者が今後も発展を希望する，といった内容）。契約書が執行可能であるために必要となる consideration（対価関係）の内容を記載しているものであり，NOW THEREFORE という約因文言に続く。記載にあたっては，古い事項から順番に記載し，他の契約書条文においては助動詞 shall や will を使用して記載されるが，ここでは過去形や現在形で書かれる。

　Whereas Clause 作成にあたっては，契約書の本文と異なる内容を記載する事はさけ，記載する内容は明確な事実に限り，義務を記載しない。実際，契約書本文には記載ないが，当事者の関係を示唆する内容の関係を whereas clause に記載したことから，訴訟が提起されることが起きている。もちろん，訴えられた側は whereas clause の法的性質を主張できるものの，不用意に作成した whereas clause から訴訟が提起されることは避けるべきである。

Whereas Clause に法的義務を持たせる規定例

Whereas Clauses. The recitals contained in the foregoing prefatory Whereas clauses shall have the same force and effect as if set forth in full in the body of this Agreement.

25の英文法律用語

10 jurisdiction 管轄

　ある裁判所が裁判権を行使できるかどうかという問題。裁判権には事物管轄権（subject matter jurisdiction）と人的管轄権（personal jurisdiction）が必要である。

Q11 Best Effort 条項

> 販売代理店契約の交渉において，最低購入保証条項についてなかなか折り合いがつかず，最大努力義務である Best Effort という表現を対案として出そうと考えているが，問題あるか。

最大努力義務である Best Effort 条項を設けることは注意すべきである。契約上の規定について，義務として守ることを避けたい場合，義務を緩和する意図から，努力義務である "make its best efforts" などの文言を妥協案として提示する場合が少なくない。

"Distributor shall purchase XXX sets of Products per every Contract Year. (「販売店は，契約年度毎年本商品を XXX セット購入する。」)" という最低購入義務条項に対して，"Distributor shall make best efforts . . . . (「販売店は，・・・を購入すべく合理的な努力をする。」)" という条項をみれば，後者は義務を弱めたように見える。絶対的・客観的な購入義務からどれだけ努力を行ったという相対的・主観的な義務に変わっているわけであり，仮に購入できなかったとしても，十分に努力をしたので，契約上の義務に違反するものではないと主張できる余地がある。

具体的な努力の認定にあたって，どのように，どの程度，何に努力を払ったか，その義務は自らの努力だけで達成可能であったかといったその努力を果たす状況によって判断が異なり，最悪は努力義務違反とされてしまう（最終的には管轄の裁判所が判断する）。したがって，最低購入義務数量を外せたからといって安心してはならず，相当の努力を行ってはじめて，この条項の義務を果たしたことになる。

同様の文言として，good faith effort, reasonable efforts, diligent efforts, best efforts などがあり，おおむねこの順序で義務の程度が高くなる。とりわけ，diligent efforts や best efforts は通常の義務よりも義務の程度が高くなる

ので，これらの表現を避けるべきであり，reasonable efforts 条項などに修正することを交渉すべきである。

努力義務条項英文契約書例 2 種

Distributor shall make reasonable efforts to purchase the Product.
Distributor shall make best efforts to purchase the Product.

25の英文法律用語

11 jury 陪審

　米国においては，陪審による裁判は憲法上保障されており，民事裁判においても陪審裁判で行われる。陪審は全員一致が原則である。

Q12 MFN/MFC 条項

MFN/MFC 条項を公正取引委員会が問題にしているということ
であるが，何が問題であるのか。

Most-Favored-Nation Clause は，最恵国待遇条項，略して MFN 条項と言わ
れ，Most Favored Customer Clause は，最恵顧客待遇条項，略して MFC 条
項と言われる。これらは内容としては同じものであり，契約において取引相手
側に最も有利な条件または地位を提供することを確約する条項である。長期供
給契約，ライセンス契約，仕入契約（procurement contract）において買手側
の利益になるように取引価格や価格以外の取引条件などが決定される際に適用
される。

日本の公正取引委員会が，amazon の電子書籍に関する契約に関わる最恵国
待遇（MFL）条項を問題視して調査に入り，これを受けて amazon 社はこの
条項を撤廃すると報道されていた。同条項は，競争制限する効果，つまり価格
カルテルを増す効果や，ライバルの参入や競争を阻害する排除効果を持ち，不
当に取引相手方の価格を拘束することになり，拘束条件取引に該当して違法と
される可能性がある。しかし，市場において相当の地位を占める者が行わない
限り，競争の実質的制限は持たないとも考えられている。

米国におけるアップルの電子書籍に関する独占禁止法違反事件おいて，裁判
所は，最恵国待遇条項が価格協定の手段として使われたことを認定して，「当
然に合理の原則」が適用されずに「当然に違法」になるとして，シャーマン法
1条違反を認定した。ただし，これは MFC 条項そのものが違法というより
アップルと大手出版社との価格に関する共同行為がカルテルとして違法とされ
たものである。

MFC 条項は，実務において契約書の中でみかけることのある条項であるが，
対象地域，判例，行政当局の対応を見つつ契約書に含めることが良いのか判断

すべきである。なお，英文契約書を検討する際には常に法令違反がないか気にかけて行うべきであり，単に英文を読んで理解するだけでは不十分である。

MFC 条項英文契約書例

Contractor represents and warrants that all prices, benefits, warranties and other terms and conditions in this Agreement are and, during the term of this Agreement, will continue to be no less favorable to AB&C than those currently being offered or that will be offered by Contractor to any of its similarly situated customers.

25の英文法律用語

12　LLC　Limited Liability Corporation　有限責任会社
　　株式会社である corporation とパートナーシップの中間形態。日本における合同会社はこれをベースとしている。法人格はあるものの，税金はパススルーする形態である。

Q13 独占販売地域条項

独占販売地域として一定国での販売権を付与し，他の国や地域への販売を禁止することを国際契約において設けることに問題はないか。

　独占的販売代理店契約（exclusive distributor agreement）や専用実施権設定契約（独占的ライセンス契約，exclusive license agreement）において，権利者側が地域制限を設け，契約相手方にその地域における販売権やライセンスを与え，一方で他地域への販売を認めないことや一定数量の購入や販売を課す条項を設ける場合，適用される独占禁止法の検討が必要である。

　2017年6月にサンリオが企業と結んだライセンスは販売地域が限定され，国境をまたぐ販売やオンラインでの取引を制限し，「消費者の幅広い選択を否定した」可能性があるとして欧州連合（EU）欧州委員会による調査が開始されたことが報道された。一般に販売代理店契約においては，条件（販売義務）を定めて，代理店に一定の販売地域または国における独占的な販売権を付与する取り決めをすることが少なくない。EUの場合は，厳格な地域制限はEU競争法（Treaty on the Functioning of European Union 機能条約）に反するとされる。そこで，独占販売地域にかわるものとしてArea of Primary Responsibilityの規定を代理店契約において設けることがある。

　日本の公正取引委員会が定めた「知的財産の利用に関する独占禁止法上の指針」においては，「製造できる地域の制限」として，「ライセンサーがライセンシーに対し，当該技術を利用して製造を行うことができる地域を限定する行為は，原則として不公正な取引方法に該当しない」としている。

　また，日本の公正取引委員会が定めた「流通・取引に関する独占禁止法上の指針」においては，「事業者が商品の効率的な販売拠点の構築やアフターサービス体制の確保等のため，流通業者に対して責任地域制や販売拠点制を採るこ

第2章　英文契約書作成に関するQ&A 25　英文契約書用語25　　*39*

とは厳格な地域制限又は地域外顧客への受動的販売の制限に該当しない限り，通常これによって価格維持効果が生じることはなく，違法とはならない」としているが，一方で「市場における有力な事業者が流通業者に対し厳格な地域制限を行い，これによって価格維持効果が生じる場合には，不公正な取引方法に該当，違法となる」と違法になることを示している。

Area of Primary Responsibility の英文契約書例

Manufacturer hereby appoints Distributor as its exclusive distributor of the ABC brand products, with responsibility to serve and support for such products in the following counties ("Distributor's Area of Primary Responsibility"):

25の英文法律用語

13　LOI　Letter of Intent　レターオブインテント

契約書のタイトルで，日本における覚書のことである。MOU という用語も使用される。

法的拘束力があるかどうかは契約書における規定による。

Q14 競業避止条項

独占販売契約において，契約相手方に類似する，他の競合製品の販売を禁止することを国際契約において設けることに問題はないか。

　販売代理店契約では，一定の地域または国の販売を任せる条項を定めることがあり，このような場合，代理店の契約上の義務として，担当地域内で類似競合他社品および類似品の取り扱い禁止（競合取引の禁止）が課せられることが一般的である。しかし，適用される独占禁止法に違反しないかの検討が必要である。なお，何を持って類似とするのかは定義によってその範囲が決定されるので，ドラフティングは慎重に行わなければならない。

　日本の公正取引委員会が定めた「流通・取引に関する独占禁止法上の指針」においては，契約期間中における競争品の取扱制限として，供給業者が契約期間中において，総代理店の競争品の取扱いを制限し，又は総代理店をして販売業者の競争品の取扱いを制限するようにさせることについては，取引先事業者に対する自己の競争者との取引や競争品の取扱いに関する制限で示した考え方が適用される。つまり，既存の競争者の事業活動を阻害したり，参入障壁を高めたりするような状況をもたらす場合や，市場における有力な事業者が，競争品の取扱いを制限するよう拘束する条件を付けて取引する行為を行うことにより，市場閉鎖効果が生じる場合には，当該行為は不公正な取引方法に該当し，違法となる。しかし，自己の競争者との取引や競争品の取扱いに関する制限について独占禁止法上正当と認められる理由がある場合には，違法とはならない。

　米国においては，競争品の取扱制限である Non-compete obligation あるいは covenant not to compete 条項については，合法とされているが，一部の州では雇用契約などに設けることは違法とされている。

　EU においては，流通上の制限は「垂直的制限」として極めて限定的にしか

認められないので，それぞれの地域での合法性の確認が必要となる。

競業避止契約条項（product の大文字と小文字の異なる表現に注意）

During the term of this Agreement, Distributor shall not deal any products which are similar to the Products.

なお，この例文では similar（類似）が何をもって認められるか規定がない。ここで定義するか，products の定義で明確にする。

25の英文法律用語

14　MOU　Memorandum of Understanding

　契約書のタイトルで，日本における覚書のことである。LOI という用語も使用される。

　法的拘束力があるかどうかは契約書における規定による。

Q15 保証条項と補償条項

> Warranty と Indemnity はどう違うのか。国際契約においてそれぞれどのように使われているのか。

　Warranty（保証）は，契約当事者が，契約の目的物がある品質を有し，自らがその目的物について正当な権原（title）を有するなどの事実を確約することである。保証条項に違反があった場合，相手方は違反した当事者に対して損害賠償（damages）を求めることができる。

　Indemnity（補償）とは，将来予想される損失に関して，その損失が生じた場合，これを填補することを約することである。つまり，一方当事者が負うことになった責任を相手方に転嫁することを意味する。

　保証は，大きく明示保証（express warranty）と黙示保証（implied warranty）に二分することができる。前者は，契約書の文言等で明確に表現された保証（例えば，「見本どおりの製品を供給する」）であるのに対して，後者は明示保証がなされていない場合であっても，取引の性質や状況から，法が認める保証である。黙示保証の具体例として，米国UCC（Uniform Commercial Code 統一商事法典）においては，以下が規定されている。

① warranty of title　権原の保証（UCC §2-312）
② warranty against infringement 権利侵害がないことの保証（UCC §2-312）
③ warranty of merchantability 商品性の保証（UCC §2-314）
④ warranty of fitness for particular purpose 特定目的適合性の保証（UCC §2-315）

　保証が当事者による事実について確約であるのに対して，補償は保証に違反があった場合をはじめとして，相手方が損失を被った場合の救済方法である。Indemnity と同様の意味で使われる語として，reimbursement, hold harmless, compensation for losses or damages, No Fault Agreement, Reparation Agreement などがある。保護を受ける（indemnify される）側を Indemnitee といい，補償する側を Indemnifier という。補償契約（Indemnity Agreement）においては，補償適用除外条項を設けることが多い（適用されるケースとしては Indemnitee の過失の場合），またクレームをどちらが立証するかを取り決めておく。

補償条項英文契約書例

Subcontractor shall indemnify and hold harmless Contractor and its directors, officers, employees, agents and subcontractors from and against all third party claims, actions, suits, demands, damages, liabilities, obligations, losses, settlements, judgments, costs and expenses (including attorneys' fees and costs) which arise out of or omission of Subcontractor.

25の英文法律用語

15 option オプション

　一定期間の権利を与えることを約束する契約。オプショニー（optionee）が権利を行使した場合は，オプショナー（optioner）は承諾する義務がある。オプション対価が支払われることがある。

Q16 契約期間条項－1 （始期と終期）

> 英文契約における期間の始期や終期を表す際の適切な表現はどうあるべきか。

　契約期間の定義においては，"on and after" や "on and before" の表現を使って初日や最終日を含むのかを明確に記載すべきである。

　例えば，「2月21日を含んでその後の日」という意味であれば，"on and after February 21"，「6月19日を含んでその前の日」という意味であれば，"on and before June 19" と表現する。契約期間の始期や終期を表す場合，その時点を含むかどうか，言い換えれば初日や末日を算入するかどうかを明確にしておく必要がある。なお，「2月21日から……」，「6月19日までに……」，「7月22日から10月6日までに……」という意味の表現で，それぞれの時点自体を含んでいるかどうかが明確でないと，当事者間で時間的な要件をクリアしているか否かで争いが生じてしまう。

　「7月22日から10月6日までに……」という場合，英文としては，まず，"from July 22 to October 6..." という表現が考えられるが，"from" も "to" もその時を含むかどうかについては，解釈上明確ではない。この点を明確にするために，それぞれの時が含まれるかどうかを括弧書きで明記するのも一つの方法である。例えば，7月22日は含むが10月6日は含まないという場合は，"from July 22 (inclusive) to October 6 (exclusive)..." となる。両方の時を含むあるいは含まないという場合は，"from July 22 to October 6 (both inclusive あるいは both exclusive)." と表記する。あるいは，"on" を用いて，"commencing on July 22 and ending on October 6" と表現することも可能。この場合，"on" は，その時を含むと考えられる。始期や終期を表す前置詞には，"till"，"until"，"up to" などもあるが，いずれもそれぞれの時を含む否かは明確ではない。

なお，（準拠法が仮に日本法など）日本民法における初日不算入の条項である140条「日，週，月又は年によって期間を定めたときは，期間の初日は，算入しない。ただし，その期間が午前零時から始まるときは，この限りでない。」という条文の解釈によって，契約期間を間違ってしまうことが起こるので注意すべきである。例えば「2018年1月1日から本契約は有効となる。」との規定を1月1日を入れずに1月2日と解釈してしまうことである。

---

through を使った期間の英文契約書例

Unless earlier terminated as provided below, the term of this Agreement shall begin on the Effective Date and shall continue through February 13, 2020.

25の英文法律用語

16 plaintiff 原告

　訴訟において裁判を提起する当事者。被告に対立する概念。petitioner は申立人の意味である。

Q17 契約期間-2 （自動更新条件）

英文契約書における期間を一定期間とすべきか，自動更新条件とすべきか。

　契約の自動更新条件においても，期間満了にあたって契約解除権を行使できるという点では，期間の定めがある契約と同じとみることが可能である。しかし，国によっては自動更新条件契約を継続的供給契約と捉え，背信的行為や契約違反行為がない限り，期間の定めのない契約として解除権が制限される可能性がある。また，代理店保護法が制定されている国においては，強行法規として解除権が制限される。このような国との契約を締結する場合，契約における準拠法にかかわらず，契約期間を一定期間とすべきである。

　自動更新条件の場合，当事者が何らかのアクションを起こさない限り，契約が自動的に更新されるため，契約を同一内容での更新を期待する当事者にとって有利といえる。代理店契約におけるメーカー側のように，権利を設定する側としては，自動更新条件でなく一定期間の契約とすることにより，契約解除通知を出すことなく契約は自動的に終了させることができる。更新条件には，一定の条件が満たされない限り更新するものと，一定の条件が満たされた場合のみ更新するものがある。このうち，前者の自動更新の例として，「期限満了の○○日前までに更新を望まない旨の通知を相手方に対して行わない限り契約が延長される」とし，後者の例としては，「期限満了の○○日前までに両当事者が更新することに同意した場合，契約が更新されることがある」とする。

　同一条件の更新であれば，条件再交渉の手続が不要なので，事務の軽減にもなるが，そうでなければ，条件変更が求められるというデメリットがある。契約内容変更について協議を行うことが容易であり，契約更新に慎重な当事者にとっては，有利といえる。ただし，更新手続のための事務作業の負担は生じ，場合によっては，時間切れで契約期間が満了するので注意が必要である。

なお，Non Disclosure Agreement あるいは Confidentiality Agreement と称される秘密保持契約書においては，期間が定められているものと，期間の定めのないものがあるが，会社のポリシーに従って定めればよい。

自動更新条件英文契約書例：1回限りの延長か毎年延長されるかの表現に注意が必要

This Agreement shall be automatically renewed for successive one (1) year term thereafter (each a "Renewal Term") until and unless either Party provides the other Party with ninety (90) days prior written notice prior to the expiration of the Initial Term or any Renewal Term.

25の英文法律用語

17　power of attorney　委任状
　弁護士や交渉する担当者などに一定の権限を委任する場合に作成される書面。Durable power of attorney とは永続的委任状という。

Q18 存続条項

契約が終了した後に契約の規定が存続される条項を設けることが必要か。存続条項をどのように選び，どのような点に注意したらよいか。

　国際契約の一般条項においては，存続条項（surviving clause）を設け，終了後も効力を有することを取り決めることが通例である。その期間は，条項の種類によって無期限としたり，期限を設けたりする。例えば，秘密保持条項において，契約終了後においても無期限の秘密保持義務を取り決めたり，ライセンス契約において，契約終了後の一定期間（例えば，3 年間）におけるライセンサーの商標が付されたライセンス商品の販売権を取り決めることである。

　契約が期間満了または契約違反等で終結すると，契約に定められた権利義務は効力を失うことになる。契約上の権利および義務の前提となる契約関係が終結によってなくなるからである。一方，代理店契約を例にとれば，契約終了によってメーカー側にとって不良在庫を含むすべての在庫を買取請求されることは多大なるコストがかかるので受けたくないし，新しい代理店に在庫を引き継がせるとした場合，新しい代理店にとって多大なる負担となる。現行の代理店にそのまま販売させるとした場合，新しい契約条件で販売させる必要もない。そのため，「存続条項」を設けて一部の権利義務を契約終結後も有効に存続させる方法をとることになる。

　このような場合，①存続条項となる権利義務に該当するものを確認，②該当しているものについて具体的にどのような手続と対応が必要かを検討，③具体的な対応を相手方と協議し決定する，という措置が必要となる。

　秘密保持契約における存続条項としては以下の条項を存続条項とすることが考えられる：定義条項，秘密保持条項，知的財産権条項，損害賠償条項，有効期間条項，仲裁条項。また，基本契約の終了の場合，契約違反の事由では基本

契約と基本契約に基づく個別契約のいずれも終了とし，期間満了の場合，基本契約は終了とするものの，基本契約に基づく個別契約は終了しないとすることが考えられる。

Surviving Clause 英文契約書例（期間満了と解除の両方に適用ある表現）

Notwithstanding any expiration or termination of this Agreement, the following provisions shall survive: Article 11, 12 and 13

個別売買契約は基本契約解除に影響ないとする英文契約書例

Termination of this Basic Agreement shall not affect to Individual Contracts of sale effectively entered prior to the termination.

25の英文法律用語

18　product liability　製造物責任

　製造物の欠陥から人体および場合によっては動産に対しても被害が生じた場合に製造者に責任を負担させる理論。日本法では動産のみであれば対象でないように，準拠法によって概念が異なる。

Q19 言語条項

国際契約において，相手国言語による合弁契約書の翻訳を作成した。英語が正本であると考えていたが，投資当局に相手国言語による契約書を提出するので最終的に両方の言語による契約書双方を正本としたが問題ないのか。

　中国との取引においては，契約書を中国語と外国語の２ヶ国語で作成して両方を正本とすることが多い。さらに契約解釈にあたっては，中国語版を使用し，仲裁を中国で行うこととセットで要求されることも多い。日本語や英語を正本として，中国語を訳文とすることを主張しても，契約相手方がこれを拒否する可能性が高い。仮に，当事者間で合意したとしても審査当局からこれらの条項の変更を求められることになる可能性が高いし，修正しないと投資許可が下りないこともある。

　そもそも２つの言語の国際契約書を正本とするのはおかしいと言えるのであるが，作成する場合言語による差異がないように正確な契約書を作成する必要があり，もし齟齬があればいずれ紛争になる可能性がある。他方の言語で契約書を作成した場合，現地弁護士に内容が同一であるかの確認と審査を受けるべきである。

　元来，それぞれの言語の語句が意味する概念には相違があり，同様な表現でもそれぞれの文化的な背景の違いから意味するものに相違が生じることから，同じ内容の契約書とするには限界がある。また，契約書はそれぞれの言語と関連する法律の概念を元に構築されているものなので，意味するところに齟齬が生じるおそれもある。

　１つの言語で契約書の正本を作成し，別の言語で契約書の翻訳を作成する場合，正本の言語以外での翻訳は，契約上いかなる効力も持たないことを契約書の条項に明記するのが望ましい。翻訳は，あくまでも参考のためのものであっ

て，契約書を正しく理解するためには，正本の内容を基準にして考える必要がある。

言語条項英文契約書例 2 種

（ⅰ）The whole text of this Agreement has been written in ＿＿＿ and English, both versions being deemed authentic, but for legal purposes the text in ＿＿＿ is given priority of interpretation.

（ⅱ）This Agreement has been prepared in both [Language 1 and Language 2]. In the event of any inconsistency, the [Language 1] version shall apply and be binding upon the parties.

25の英文法律用語

19 punitive damage 懲罰的賠償

損害賠償請求訴訟において，加害者による不法行為が非難に値すると認められる場合に実際の損害賠償額に加えて認められることのある上乗せ賠償金額。金額が高額になることで知られる。

3 国際契約に関わる紛争

Q20 裁判か仲裁か

> 国際契約における紛争解決手段として，裁判と仲裁のどちらを選ぶことが望ましいか。

　契約の種類によって，裁判か仲裁のどちらがより適しているか考えなければならない。国際契約において裁判か仲裁の両方を使い分けることが必要である。
　例えば，金銭消費貸借契約のように争いがあることが少なく，保全の必要性もある場合は裁判を選択し，ライセンス契約，技術支援契約や長期供給契約などにおいて，品質問題が生じる可能性がある場合やどれだけ販売促進義務を履行したかといった問題に紛争が生じる可能性がある場合，仲裁が選ばれる。
　裁判では，紛争処理地（管轄裁判所，仲裁地など）を国際契約に定める必要があり，一般的には，自国の法律と自国の裁判で紛争処理するのがもっとも有利であると考えられる。しかし，相手方も同じことを考えるとまとまらないことになる。安易に第三国を選ぶこともできず，裁判地が最終的に定まらないから削除することは避けるべきである。また，裁判になると上告審などで解決が長期化することもある。
　なお，国によって裁判は陪審制度となり，公開で一般人が裁判手続きに関与することになるので裁判を避ける理由となる。一方，1回で結論が出てかつ非公開であり，経験のある仲裁人を選べる仲裁が良いと判断できる場合もある。ただし，仲裁の場合でも，どの仲裁機関の仲裁手続を採用するか，どの場所で行うかによっても有利・不利があるし，保全という観点からすると法的手続きをとれない点を注意すべきである。

なお，仲裁には日本，中国，米国の国における仲裁機関と ICC（International Chamber of Commerce・国際商業会議所）といった国際的な機関が存在しており，どの仲裁機関を選ぶかについて合意しないとならない。

Standard ICC Arbitration Clause

All disputes arising out of or in connection with the present contract shall be finally settled under the Rules of Arbitration of the International Chamber of Commerce by one or more arbitrators appointed in accordance with the said Rules.

仲裁によっても保全手続権をする権利を失わないとする条項

A party also may, without waiving any other remedy, seek from any court having jurisdiction any interim or provisional relief that is necessary to protect the rights or property of that party pending the arbitrator's appointment or decision on the merits of the dispute.

25の英文法律用語

20　service of process　送達

　裁判は送達が完了して初めて裁判手続きが開始する。米国においては原告が送達を行う。送達方法は法域によって異なる。

Q21 準拠法条項

国際契約の交渉時に準拠法が合意されない場合，何か解決策はあるのか。

　国際契約書の法的解釈をする場合，どの法律を基準とするかを取り決める条項を準拠法条項という。契約締結前の交渉において，両当事者は自国法を準拠法とすべきであると主張し，準拠法の合意ができない場合があるが，準拠法を定めないという選択は望ましくなく，合意はしておくべきである。

　さらに，準拠法を選んだ国の法律によると，第三国の2社がその国の法律を準拠法として選択したことが無効であるとするリスクがある。そのため，ある裁判所において準拠法選択が無効とされないように，事前に契約においてこのリスクを排除する条項をおくべきである（「抵触法の規定を除いたX国法」と規定する）。

　日本では，「法の適用に関する通則法」において，準拠法の決定方法についての規定が定められている。同法によれば，準拠法は当事者の選択した法によるものとし，選択されない場合は「密接関係地」となる（ただし，消費者契約や労働契約の例外あり）。

　条約についても注意をすべきである。日本は，CISG（国際物品売買契約に関する国際連合条約，ウィーン動産売買条約）の加盟国である。つまり，仮に準拠法を定めていない場合においても，異なる二国間における業社間の動産売買の契約書であれば，条約であるCISGによって解釈される（契約当事者の国それぞれが加盟国であれば当然，片方の国が加盟国の場合でも適用される場合があることに注意する）。

　さらに，条約加盟国の法律を準拠法とした場合，CISGが含まれて解釈される。つまり，日本法を準拠法とした場合，同条約の適用があるため，CISGを排除することも検討すべきである。なお，契約書で準拠法を合意しても，不法

行為の場合，行為が行われた場所の法律が強制的に適用される場合もある。

準拠法条項英文契約書例（抵触法の規定を排除する表現）

This Agreement shall be construed, performed, and enforced in accordance with, and governed by, the internal laws of the State of New York, without giving effect to the principles of conflicts of laws thereof.

ウィーン動産売買条約の適用を排除する英文契約書例

The parties hereby agree that the United Nations Convention on Contracts for the International Sale of Goods will not apply to this contract.

25の英文法律用語

21　specific performance　特定履行

　　履行の強制は，債務の性質がこれを許さない場合を除き，裁判所がこれを認める理論。コモンローからでなくエクィティ（衡平法）から認められる。

Q22 完全合意条項

国際契約の交渉時や締結後の履行時に取り交わしてきた議事録等は，争いが生じ，訴訟になった場合でも，一切証拠として使用できないか。

　完全合意条項（entire agreement clause）が盛り込まれていれば，当該契約書は，完全かつ最終的な契約書と意図されたものと推定され，契約書に記載された内容と異なる，あるいは矛盾する合意があったとしても，原則としてそれらを主張することはできず，証拠として提出することもできない。

　契約交渉の過程においては，最終的に合意条件に含まれなかった条件を提示することもあるが，後から含まれていないことにクレームができないよう明確にしておくべきである。しかし，契約書が部分的な（partially integrated）最終契約書にすぎないと反証された場合や，契約締結後の新たな合意であれば，契約書の内容に矛盾しない範囲で契約内容を補足することは可能である。

　英米法には，口頭証拠法則（parol evidence rule）と呼ばれる原則があり，当事者間での合意を書面化し，これを当事者間での最終的（final/integrated）かつ完全な（completely integrated/entire）合意とすることを意図した場合，それ以前に口頭や書面で別の合意があったとしても，これらを証拠として持ち出すことで，契約の内容を否認したり，変更したり，補足したりすることは許されないとする原則である。

　また，仮に完全な最終契約書と認定されたとしても，その契約と別個の契約（collateral agreement）の存在を証明する証拠の提出は認められる。ただし，口頭証拠法則によっても以下の証拠の提出を排除するものではない：

① 契約書作成後の合意や交渉を証明するための証拠
② 契約に法的拘束力がないこと（約因の欠如，錯誤の存在等）を証明するための証拠

③　契約書の文言の解釈を補助するための証拠

Entire Agreement Clause 英文契約書例（supersede と extinguish の両方を使用した表現）

"supersede" を「優先する」と訳出する例が多いが，実際は「とって代わる」ものであり，ある合意に優先して他の合意が使われるというわけではない。他の合意がなくなり，合意した条件のみが有効な合意となる。

This Agreement constitutes the entire agreement between the parties and supersedes and extinguishes all previous drafts, agreements, arrangements and understandings between them, whether written or oral, relating to this subject matter.

25の英文法律用語

22　state of art　最高の科学技術水準

　製造物責任法で，最高の科学技術水準の知見を持ってしても製品欠陥を認識できなかった場合，製造業者等は免責となる理論。日本の製造物責任法では，引渡時における科学または技術に関する知見によっては，当該製造物にその欠陥があることを認識することができない場合，賠償の責めに任じない，と規定。

Q23 契約締結上の過失

> 契約書が締結されなかったのだから，交渉を途中でやめても訴えられることはないのか。サインされた契約はないのであるから訴えるベースがないのでは。

　契約締結上の過失理論によって，契約締結に至らなくとも相手方に責任を負うことがある。契約締結上の過失理論とは，契約締結するまでの段階で当事者の片方に原因があったために相手方が損害を被った場合に責を負うとの理論である。

　契約が締結されていないから相手方がクレームしても損害を賠償する必要がないというのは間違っている。契約交渉は，誠実に交渉する義務があり，相手方が契約を行うかどうかを決定できるように情報提供の義務もあり，不実告知の場合に契約成立後においても取り消される場合もあるし，詐欺，錯誤も主張されることがある。

　日本では信義則をベースにして，民法の条文にはない「契約締結上の瑕疵」が主張されることがある。ただし，契約が成立していない段階では，契約の成立を信頼して支出した費用等の信頼利益の賠償だけが認められるに過ぎない。具体的事例として，Xの開発，製造したゲーム機を順次XからY，YからAに販売する旨の契約が締結に至らなかった場合において，YがXに対して契約準備段階における信義則上の注意義務違反を理由とする損害賠償責任を負うとされたケースがある（最高裁判所平成19年2月27日判決）。

　米国では，「不実表示」の法理から契約締結上の過失が主張されることがある。これは pre contractual liability と言われ，当事者は善意かつ公正に取引を行う（good faith and fair dealing）義務があり，これに反したと主張される。契約書が締結されないまま相手に契約履行について準備をはじめさせると訴えられるのである。契約履行準備には費用がかかるわけであり，条件を明記して，

契約締結にいたらない場合においても訴える権利や請求権がない事を明確にすることが必要である。

米国商事統一法典 UCC（Uniform Commercial Code）2-103 (1) (b)

"Good faith" in the case of a merchant means honesty in fact and the observance of reasonable commercial standards of fair dealing in the trade.

Good faith を使った英文契約書条項（紛争解決前の両者協議を必要とする）

In the event of any dispute or disagreement among the Parties as to the interpretation or the performance of obligations under this Agreement, such matter, upon written request of any Party, shall first be referred to the CEOs of the Parties for discussion. CEOs shall promptly meet in a good faith effort to resolve the dispute.

25の英文法律用語

23　verdict　評決

　陪審（jury）が裁判長に対して提出する答申書面。有罪（guilty）か無罪（not guilty）かを決定する。これに対して裁判長は量刑を決定する。

Q24 第一ドラフトの提示

国際契約の交渉時において，どちらがドラフトを準備すべきか。相手方に第一ドラフトを準備させ，こちら側でコメントを入れることが良いのか。

　国際契約交渉において，自社の第一ドラフトを相手方に提示することが重要である。自社案を提示する前に相手方からドラフトを受領した場合，そのドラフトをベースに交渉が始まることになり，交渉の主導権が取られてしまう。

　一方，契約によって権利を確保したい場合や，早くに交渉を終えたいといった場合，先方ドラフトをベースにすることも戦略的に考えられるため，ドラフトをもらうことも悪いわけではない。相手方との取引交渉は，基本的に通常E-mail のやり取りでドラフトにレッドラインを入れたり，交渉したい場所のみの対案を提示したりする。各当事者はそれぞれ交渉を有利に進めるため，各自がそれぞれ契約書のドラフトを作成し，自分のドラフトをベースに交渉を進めようとする。このように当事者がそれぞれ書面について諾否，あるいは対案提示によって交渉することを "Battle of Forms" といい，「書面戦争」あるいは「書式に関する争い」と訳される。

　先方案についてその内容変更を提示した場合，日本民法においては，申し込みの拒絶をしてあらたな申し込みをしたものとみなされる（民法第528条）。日本商法においては，商人が平常取引をする者からその営業の部類に属する契約の申込みを受けたときは，遅滞なく，契約の申込みに対する諾否の通知を発しなければならない（商法509条）。

　一方，米国のコモンローでは，契約の受諾は申し込みと同じでないとならない（mirror image rule）。また，買主がまず購入規約を送付し，その後売主が異なる販売規約を送付した場合は，契約は成立していないが，さらに買主が売主の指定通りの金額を支払った場合，後の規約である買主の条件で契約が成立

することになる（last shot rule）。

　なお，米国商事統一法典では，異なる規約を送付しあった場合でも契約は成立する。国際契約の交渉において，契約が成立せずに新たな契約の申し込みを行ったことになるのか，当事者間に食い違いが生じている部分を除いて，契約が成立したと解釈されるのか明確でないことが生じるため，当事者間でどの部分は合意してどの部分は合意に至っていないかを明確にする必要がある。

米国商事統一法典 UCC（Uniform Commercial Code）2-207（1）

A definite and seasonable expression of acceptance or a written confirmation which is sent within a reasonable time operates as an acceptance even though it states terms additional to or different from those offered or agreed upon, unless acceptance is expressly made conditional on assent to the additional or different terms.

25の英文法律用語

24　waiver　放棄

　契約上などの権利を放棄すること。英文契約書においては，waiver clause があるが，内容的には権利を放棄しないことを定めた不放棄条項（no waiver）である。

Q25 契約通貨と訴訟

円貨で売買金額を1,000万円として合意した国際販売契約において，買主が売買代金の支払いをしなかったため，売主が買主の相手国で訴訟を提起した。現地通貨で訴額を確定しなければならなくなったが，これでは為替リスクが生じるのではないか。

　訴訟では，訴額を明らかにしなければならない。国際契約において，支払通貨が合意されたとしても，合意した裁判管轄地において契約書で定められた支払通貨による訴訟を必ずしも提起できるわけではない。

　仮に，訴訟提起時に国際契約に定められていない現地通貨で訴訟を提起した場合，いずれ勝訴しても現地通貨による金額で判決が確定し，訴訟に時間がかかるため，訴訟係属の間における為替リスクを負うことになってしまう。さらに，国によっては仮に勝訴しても自国通貨を外貨へ交換することや海外送金が政府による外国為替許可制で許可されず送金できないことさえある。実際，最終的に送金をあきらめ，現地で使用する金銭にあてて，使用したことがあると聞いた。

　日本では，訴訟において，「米ドルXを支払え」という裁判を提起できる。一方，裁判所に申立手数料として円貨で収入印紙によって支払わないとならない（100万円を超えた場合，現金も可能）。手数料金額は，訴訟前日の為替換算レートで計算することが通常である。

　なお，相手先が契約日でなく，支払日の円ドルレートで換算した米国ドルで支払ってきた場合，契約が円建てかドル建てかで争いが生じることになる。円建てで契約をしたつもりであり，為替リスクはないと思っていたが，ドルで受け取れば損失が生じる可能性がある。そこで，為替差損を請求することになる。

　取引価格（1,000万円）は合意したが，どの通貨で支払うか（決済通貨），どちらが為替リスクを負うのかを明確に取り決めしていない場合，為替リスク相

当分を請求できない可能性もある。

Currency 条項英文契約書例

All sums of money which are referred to in this Agreement are expressed in lawful money of Japan (Yen) unless otherwise specified.

Currency Risk 負担条項英文契約書例

The Participant agrees and acknowledges that it shall bear any and all risk associated with the exchange or fluctuation of currency associated with this Agreement.

25の英文法律用語

25　warranty　保証

　製品の全体あるいは一部に対する条件つきの保証。製品全体に対する確信と確実な保証をする guaranty と区別される。warranty は明示保証と黙示保証に分類される。

第3章

Distributorship Agreement から英文契約書を学ぶ

本章は，Distributorship Agreement（代理店契約）を使って英文契約書の構成を理解することを目的としている。参考訳も示しているが，日米の法的概念は同一でないことに注意し，あくまでも理解のための一助であることを意識すべきである。また，本契約書は，日本のメーカーである輸出者が NY 法人の代理店を指名する契約形態として作成されているが，海外の輸出者が日本の代理店を指名する契約形態に修正して使用することもできる。

# 表題および頭書

Distributorship Agreement

THIS Distributor Agreement (hereinafter referred to as "Agreement") is made and entered into this 1st day of October, 2017 by and between ABC Japan Corp., a corporation organized and existing under the laws of Japan and having its registered office located at [ABC address], Japan (hereinafter referred to as "ABC") and DEF US Corporation, a corporation organized and existing under the laws of State of New York and having its registered office located at [Distributor address] (hereinafter referred to as "Distributor").

The parties hereto hereby agree as follows:

(参考訳) 代理店契約

本代理店契約(以下,本契約という)は,2017年10月1日に,日本の法律に基づき組織され存続し,その登記を日本国【ABC 住所】に有する法人,ABC Japan 株式会社(以下,ABC という)と,New York 州法に基づき組織され存続し,その登記を【Distributor 住所】に有する法人,DEF US Corporation(以下,Distributor という)との間で締結された。

本契約当事者は以下のとおり合意した。

　英文契約書は,表題(契約書名),頭書(とうしょ),本文の3部で構成される。本契約は,代理権限がなく,自分名義で仕入販売を行う「代理店契約」である。

　代理店契約において,売主である ABC Japan は,製造会社(メーカー)あるいは輸出商社であり,買主である Distributor は海外における輸入販売業者である。代理店という名称であっても代理機能がなく代理権限を付与されたものではない点から Agent Agreement と区別する。

頭書部では，契約締結日，当事者名，登記住所などを記載する。ここでは省いているが，頭書に続いて前文（Recitals または Whereas Clauses）を設けて，契約に至った経緯を記載することも多くある。

　この前文は，契約上の直接的効力はないが，裁判などにおいて間接的に解釈の参考・指針にされる点に注意すべきであり，事実に即した記載をすべきである。一方，本文に契約目的（Scope of this Agreement）条項を設けて経緯を本文に取り込み，解釈上の効力を狙った記載をすることもある。

　なお，参考訳における「以下，……という」は，契約用語の定義となる。定義した後は，英文では大文字で表現することが英文契約書作成のルールとなるが，日本語翻訳文では「　」を使用するか，通常は訳出できないことに注意すべきである。定義用語は英文で最初の文字だけ大文字にすることが多いが，全体を大文字にすることもある。しかし，全体を大文字にするとミススペルを誘発するので注意が必要である。

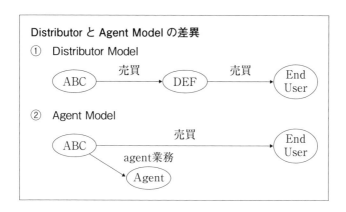

第1条（指名）

Article 1　Appointment

1.1 Subject to the terms and conditions of this Agreement, ABC hereby appoints Distributor as its non-exclusive distributor for the sale of the products as defined in Exhibit A hereto (hereinafter referred to as the "Products") within [Name of the Territory] (hereinafter referred to as the "Territory"), and Distributor hereby accepts said appointment and undertakes to use its best efforts, at its own expense, to promote the sale of the Products throughout the Territory during the term of this Agreement.

1.2 The Products shall be sold for the use in the Territory only. The re-export of the Products by Distributor outside the Territory shall be subject to the prior written consent of ABC.

第1条（指名）

1.1 本契約の条件に従って，ABCは＿＿＿（以下，「契約地域」という）における本契約添付Aに定義された製品（以下，「本製品」という）の非独占的代理店としてDistributorを指名し，Distributorはかかる指名を受諾し，本契約の期間中に契約地域において本製品を販売促進するために，自らの費用で最善を尽くす。

1.2 本製品は契約地域内においての使用にのみ販売される。Distributorによる契約地域外への本製品の再輸出は，ABCの事前同意を必要とする。

　代理店は契約地域で本製品の「正規代理店」として活動できる。指名がないと正規店とはならない。国によっては，偽物販売業者であるか否かの区別として取り扱われることもある。

本契約において，代理店は，「非独占」代理店であり，契約地域における独占的販売権が認められず，契約地域内の複数正規代理店における1社にすぎない。代理店側からすれば地位が弱い。製品の定義によっては，異なるタイプの製品群や後続アップグレード製品が製品に含まれないとされることがあるので，慎重に定義することが必要である。製品名で定義する場合，製品名が変更された場合を考えておかなければならない。契約地域は，国などを具体的に記載する。「独占的」代理店であれば，non-exclusive を exclusive に変更して必要となる条項を追加する。

2項では，契約地域外における本製品の販売は制限され，輸出も同意がなければできない。契約地域内における使用のための本製品の販売のみが「正規代理店」の活動として容認される。代理店が拠点を置く国や地域によっては，契約地域内から輸出することを制限すれば，不公正な取引制限としてその国の独占禁止法関係に抵触することがあり，契約締結前に慎重な法令調査が必要となる（例えば EU）。一方，国によっては代理店保護法が制定されており，契約書で規定した条項が強行法規によって無効とされる場合がある点を注意しなければならない。

第2条(注文)

Article 2 Order

2.1 Each purchase order for the Products placed by Distributor with ABC shall be issued by Distributor to ABC by facsimile or by e-mail and shall become effective and constitute a binding sales contract between the parties hereto (hereinafter referred to as an "Individual Contract") only when such purchase order is confirmed by ABC by issuing an order acceptance to Distributor by facsimile or by e-mail.

2.2 The name and model number of the Products, quantity, unit price and total amount, time of delivery, final destination, landing port and shipping instructions (including the name of shipping company) shall be stated in each purchase order placed by Distributor with ABC. If any conflict arises between (i) this Agreement and (ii) Individual Contract, the latter shall prevail.

第2条(注文)

2.1 Distributor から ABC に発行される本製品の各注文書は，Distributor から ABC に対してファックスあるいは e-mail でなされ，ABC が Distributor へ注文請書をファックスあるいは e-mail で発行して当該注文書が確認されたときに限り，Distributor から ABC への本製品の当該注文書は有効となり，本契約当事者間を拘束する売買契約(以下，「個別契約」という)となる。

2.2 Distributor から ABC に出される各注文書には，本製品の商品名，機種番号，数量，単価，金額，納期，最終仕向地，揚地港および船積指図(船舶会社名を含む)が明記されるものとする。(i)本契約書の条件と(ii)個別契約書に定める条件に相違がある場合，後者が優先する。

日本の民法では，申込と承諾の意思表示が合致すれば契約が成立するが，外

第3章　Distributorship Agreement から英文契約書を学ぶ　　*71*

国には日本と異なる規定をもつ国もあるので，双方のトラブルを未然に防止するために，どの時点で契約が成立するのかをこの条項で明確にしておくことになる。

　1項では，Distributor が出した注文書（ファックスあるいは E-mail でも可とした）に対して，供給者が Distributor 宛の請書を同様にファックスあるいは E-mail で発行したときに注文が確定し，個別契約が成立すると規定する。

紙による注文書と請書を必要とする場合の英文契約変更例：

Each purchase order for the Products placed by Distributor with ABC shall be issued by Distributor to ABC by facsimile with the original of such purchase order to be posted on the same day to ABC and shall become effective and constitute a binding sales contract between the parties hereto (hereinafter referred to as an "Individual Contract") only when such purchase order is confirmed by ABC by issuing a written order acceptance to Distributor.

　2項では，注文書に記載する内容を明記して特定し，この特定された注文内容に対して，供給者が請書を出して注文が確定する。本契約書と個別契約書の条件に相違がある場合，個別契約条件を優先させている。

　また，見積等で確認した単価と異なる価格が注文書に記載されているために，請書で見積価格に修正した場合，請書の価格が適用されるように注文書と請書の優先関係を定めることもできる。

　なお，引渡条件によっては注文書に船舶会社を含めることはできない（売主側が船舶を決定する場合）。

第3条(価格と支払)

Article 3 Price and Payment

3.1 Prices for all Products shall be F.O.B. Japanese port basis as set forth in the price lists to be furnished to Distributor by ABC. Distributor shall pay to ABC in Japanese yen. ABC shall notify Distributor all changes to the price list at least three (3) months prior to the effective date of such change.

3.2 All payments by Distributor to ABC for the Products shall be made in Japanese yen, by means of an irrevocable and confirmed letter of credit negotiable at sight and covering the full amount of the order. Such letter of credit shall be established through a first class bank satisfactory to ABC at least fourteen (14) days prior to the respective shipment.

第3条(価格及び支払)

3.1 本製品の価格はすべて，F.O.B. 日本港条件で，ABC が Distributor に提供する価格表に従う。Distributor は日本円で ABC に支払う。ABC は，改定価格が効力を発する少なくとも3ヶ月前に Distributor に改訂価格を通知する。

3.2 Distributor が ABC に行う本製品の支払いは，すべて注文の全額を記載した，一覧払取消不能の確認信用状により，日本円でなされる。かかる信用状は ABC が満足する一流銀行を通じて各船積の少なくとも14日前に ABC に開設される。

　価格と支払は，取引契約の重要な項目で，取引債権を確定する重要な要素であり，未確定の場合，請求書を出せないだけでなく，取引が成立したか問題となる。

　1項では，価格を F.O.B. 日本港条件建値の「価格表」で提示し，日本円で

第3章　Distributorship Agreement から英文契約書を学ぶ　73

の支払いとする。F.O.B. とは Free on Board（本船渡し）の略である。なお，Incoterms においては価格についての規定はない。

　2項では，Distributor は，一覧払（at sight），取消不能（irrevocable），確認（confirmed），流通（negotiable）条件の信用状（letter of credit）で，船積の14日前までに日本円で開設して支払うとしている。信用状取引とは，貿易代金の決済を円滑に行うため，銀行が発行する信用状を用いる取引のことで，広く貿易取引で使われる。

　代金決済時期に先立って発行銀行（Issuing Bank）に手数料を払って信用状（L/C）を開設し，発行銀行は輸出者のために代金の支払いを確約する。一方，輸出者は信用状の条件に合致した荷為替手形（Documentary Bill of Exchange）の取組みを行い，必要な船積書類（Shipping Documents）を添付して買主が信用状を開設した発行銀行に買取を依頼する。

　最近では，信用状の手数料コストの節約と送金の迅速性ため，与信の問題はあるが電信送金（Telegraphic Transfer）による取引も増えている。

　本条項では売主側からの通知により価格の変更が可能であるが，これを両者合意などの条件に変更することもできる。

第4条(引渡および所有権)

Article 4　Delivery and Title

4.1　Delivery of the Products (hereinafter referred to as the "Delivery") shall be made from ABC to Distributor on the basis of FOB port of Tokyo (Incoterms®2010).

4.2　Title to the Products shall pass from ABC to Distributor upon Delivery.

第4条(引渡及び所有権)

4.1　本製品の引渡(以下,「本引渡」という)は,東京港において,ABCからDistributorにFOB条件で行われる(Incoterms®2010)。

4.2　本製品に関する所有権は本引渡時をもってABCからDistributorに移転する。

　引渡は,Incoterms®2010規則に定める条件におけるFOB条件によるものであり,船積港(Port of Shipment)で本船(Vessel)に積み込まれたときに売主から買主に危険負担(Risk)が移転する。

　Incoterms®2010規則とは,国際商業会議所(International Chamber of Commerce,以下「ICC」)が定めた貿易条件に関する国際ルールであり,正式名は,貿易条件の解釈に関する国際規則(International Rules for the Interpretation of Trade Terms)という。Incoterms®2010の主要条件は下記のとおりである。

INCOTERMSにおける11種類の規則
第1グループ(すべての単数・複数輸送に適用する規則)
EXW　EX Works (named place of delivery) 工場渡(指定引渡地)
FCA　Free Carrier (named place of delivery) 運送人渡(指定引渡地)
CPT　Carriage Paid to (named place of delivery) 運送費込(指定仕向地)

第3章　Distributorship Agreement から英文契約書を学ぶ　75

DAT Delivered at Terminal（named terminal at port or place of destination）
ターミナル持込渡（仕向港か仕向地指定ターミナル）
DAP Delivered at Place（named place of destination）仕向地持込渡（指定仕向地）
DDP Delivered Duty Paid（named place of destination）関税込持込渡（指定仕向地）
第2グループ（海上および内陸水路輸送のための規則）
FAS Free Alongside Ship（named port of shipment）船側渡（指定船積港）
FOB Free Carrier（named place of delivery）運送人渡（指定船積港）
CFR Cost and Freight（named port of destination）運賃込（指定仕向港）
CIF Cost, Insurance and Freight（named port of destination）運賃保険料込（指定仕向港）

　契約において，製品の危険負担と所有権がいつ売主から買主に移転するか規定することは重要である。危険負担は，対象製品が海上輸送中に天災等で損傷・滅失したときにその損失を売主か買主かいずれが負担するかを定めることである。

　Incoterms®2010では危険負担は規定するが，所有権の移転時期は定めていない。本条ではFOB条件で危険負担と所有権がDistributorに移転することを規定している。本船船積後，船荷はDistributorの所有物となり，Distributorの費用と責任で目的地に運送することになる。なお，所有権は代金支払完了まで売主に留保するという条件もある。

　なおIncoterms®2010という表記は，ICCがこのように記載することを求めている。

6 第5条（保証）

> **Article 5 Warranty**
>
> 5.1 ABC warrants that the Products are free from any defect in material and manufacture in all respect for period of thirteen (13) months from the date of the Delivery.
>
> 5.2 ABC's obligation under the warranty set forth in Article 5 hereof is limited to repairing or replacing such Products, at ABC's option, at the place as may be agreed by ABC and Distributor, provided that Distributor notifies ABC of the defect within fourteen (14) days from the date Distributor discovers such defect, and notifies ABC in writing, accompanied by satisfactory proof thereof.
>
> **第5条（保証）**
>
> 5.1 ABCは，本製品につき本引渡日から13ヶ月間，すべての点で材料および製造上，何らの瑕疵もないことを保証する。
>
> 5.2 本契約第5条に定める保証に基づくABCの義務は，Distributorが瑕疵を発見した日から14日以内にその瑕疵をABCに連絡すること，また，十分な証拠を添付して文書でABCに連絡することを条件に，ABCの選択により，ABCとDistributorで合意される場所での当該本製品の補修または取替えに限定される。

　製品保証期間を明確にすることは重要であり，明示しない場合，製品が流通した国の法律で定める製品保証を要求される。保証期間と併せて，保証方法（修理，交換など）を明記する。注文，価格，保証などの条件を個々の注文書と請書の取引（個別契約）で定め，基本契約本体には記載しないケースもある。取扱品目が多岐に渡る場合などは，個々に注文書ベースで定める方が実際的に

第3章　Distributorship Agreement から英文契約書を学ぶ　77

便宜である。

　1項では，船荷証券記載の日付から13ヶ月間は材質，製造方法での瑕疵（欠点や欠陥）が生じないことを保証する。保証開始日は買主（Distributor）が受け取った日ではなく，船舶会社が発行する船荷証券記載の日付からとしている。危険負担と所有権が本船渡しで買主（Distributor）に移転するので，船積証明となる船荷証券日付を開始日として，契約地域における保証期間が1年に加えて1ヶ月の輸送及び在庫期間を考慮して13ヶ月間となっている。一方，保証期間を検収合格したときから開始するという条件であれば，買主に有利となる。

　2項では，瑕疵の発見日から2週間以内に瑕疵の証拠資料を添付して買主（Distributor）が連絡すれば，売主は買主と合意した場所（例えば，サービスセンターなど）で補修か修理かを売主の選択で行うことになる。貿易取引なので，日本国内サービスセンターで修理することはできず，返品して修理してもらうことも容易ではないため，実際は現地で修理や交換を行うことになるが，別途保証条件を取り決めて本契約に添付しておくことも可能である。

　米国統一商事法典（UCC, Uniform Commercial Code）においては，売主による4つの保証が取り決められている。1つめが権限の保証であり，所有権に瑕疵がなく譲渡可能であることであり，担保の目的になっていないことの保証である。

2-312. Warranty of Title and Against Infringement; Buyer's Obligation Against Infringement.

(1) Subject to subsection (2) there is in a contract for sale a warranty by the seller that

(a) the title conveyed shall be good, and its transfer rightful; and

(b) the goods shall be delivered free from any security interest or other lien or encumbrance of which the buyer at the time of contracting has no knowledge.

(2) A warranty under subsection (1) will be excluded or modified only by specific language or by circumstances which give the buyer reason to know

that the person selling does not claim title in himself or that he is purporting to sell only such right or title as he or a third person may have.

(3) Unless otherwise agreed a seller who is a merchant regularly dealing in goods of the kind warrants that the goods shall be delivered free of the rightful claim of any third person by way of infringement or the like but a buyer who furnishes specifications to the seller must hold the seller harmless against any such claim which arises out of compliance with the specifications.

　2つめの保証は明示保証（express warranty）であり，黙示保証（implied warranty）と対比される概念で明示保証がなされる3つの方法について取り決められている。

2-313. Express Warranties by Affirmation, Promise, Description, Sample.

(1) Express warranties by the seller are created as follows:
(a) Any affirmation of fact or promise made by the seller to the buyer which relates to the goods and becomes part of the basis of the bargain creates an express warranty that the goods shall conform to the affirmation or promise.
(b) Any description of the goods which is made part of the basis of the bargain creates an express warranty that the goods shall conform to the description.
(c) Any sample or model which is made part of the basis of the bargain creates an express warranty that the whole of the goods shall conform to the sample or model.

(2) It is not necessary to the creation of an express warranty that the seller use formal words such as "warrant" or "guarantee" or that he have a specific intention to make a warranty, but an affirmation merely of the value of the goods or a statement purporting to be merely the seller's opinion or commendation of the goods does not create a warranty.

　3つめの保証は商品性（merchantability）に関する保証であり，この保証の内容として，商品が使用される通常の目的に合致することや品質が均一であ

第3章　Distributorship Agreement から英文契約書を学ぶ　79

ることがあげられる。

2-314. Implied Warranty: Merchantability; Usage of Trade.

(1) Unless excluded or modified (Section 2-316), a warranty that the goods shall be merchantable is implied in a contract for their sale if the seller is a merchant with respect to goods of that kind. Under this section the serving for value of food or drink to be consumed either on the premises or elsewhere is a sale.

(2) Goods to be merchantable must be at least such as
(a) pass without objection in the trade under the contract description; and
(b) in the case of fungible goods, are of fair average quality within the description; and
(c) are fit for the ordinary purposes for which such goods are used; and
(d) run, within the variations permitted by the agreement, of even kind, quality and quantity within each unit and among all units involved; and
(e) are adequately contained, packaged, and labeled as the agreement may require; and
(f) conform to the promise or affirmations of fact made on the container or label if any.

(3) Unless excluded or modified (Section 2-316) other implied warranties may arise from course of dealing or usage of trade.

最後が特定目的適合性（fitness for particular purpose）に関する保証であり，売主が買主の購入目的が特別な目的であることを知りうべき立場にあった場合，そのような非黙示保証があるとされる。

2-315. Implied Warranty: Fitness for Particular Purpose.

Where the seller at the time of contracting has reason to know any particular purpose for which the goods are required and that the buyer is relying on the seller's skill or judgment to select or furnish suitable goods, there is unless excluded or modified under the next section an implied warranty that the goods shall be fit for such purpose.

第6条（商標，特許）

Article 6 Trademarks, Patents, Etc.

6.1 Distributor acknowledges that all trademarks, trade names, designs, patents and other intellectual property rights used or embodied in the Products, whether registered or not, are ABC's exclusive property. Distributor shall not apply or register any intellectual property rights in connection with the Products.

6.2 Distributor may use trademarks of ABC only in connection with the sale of the Products during the effective term of this Agreement. ABC warrants to Distributor that trademarks, trade names, designs, patents and other intellectual property rights used or embodied in the Products shall not infringe trademarks, trade names, designs, patents and other intellectual property rights owned or alleged to be owned by any third party in the Territory.

6.3 Distributor shall immediately inform ABC thereof and assist ABC in taking appropriate actions if any infringement in the Territory comes to the attention of Distributor.

第6条（商標，特許等）

6.1 Distributorは，登録されているか否かを問わず，本製品に使用または具現されているすべての商標，商号，デザイン，特許およびその他の知的財産権がABCの独占的権利であることを確認する。Distributorは，本製品に関していかなる知的財産権も出願または登録してはならない。

6.2 Distributorは，本契約の有効期間中，本製品の販売に関してのみABCの商標を使用できる。ABCはDistributorに対して，本製品に使用または具現されている商標，商号，デザイン，特許およびその他の知的財産権が契約地

第3章　Distributorship Agreement から英文契約書を学ぶ　*81*

> 域内で第三者が所有し，もしくは所有していると主張する商標，商号，デザイン，特許およびその他の知的財産権を侵害しないことを保証する。
>
> 6.3 契約地域内におけるいかなる侵害について Distributor が知るところになった場合，Distributor は直ちにその侵害について ABC に連絡し，また適切な対抗手段を講じられるように ABC を支援する。

　特許権・著作権・商標などの知的財産権（Intellectual Property Rights）に関わる紛争によって，当事者間の争いだけでなく，第三者も絡んだ複雑な訴訟に発展することもある。そのため，製品に使用されている知的財産権が他者の権利と抵触していないかを確認し，保証してもらうことが重要である。しかし，万一抵触する場合，3項に基づき他者の権利と抵触していることがわかったとき，契約当事者が協力して対処することになる。

　1項では，買主は売主に知的財産権（Industrial Property Rights）があることを確認し，出願・登録を禁止している。

　2項では，製品の販売において商標使用許諾し（例えば，広告，パンフレット，看板など），契約地域内で第三者の知的財産権を侵害していないことを保証している。

　3項では，侵害事案があれば，売主が対応することを示しているが，一方で第三者の権利侵害をしていても保証しないという条項の契約書も多い。知的財産権の登録が世界中どの地域にも漏れなくなされている状況を維持するのはかなり困難なので，保証は難しいというのが理由である。

第7条（期間および解除）

Article 7 Term and Termination

7.1 This Agreement shall become effective on the date first above written and thereafter shall remain valid for three (3) years unless earlier terminated in accordance with any of the provisions hereof. If the parties hereto mutually agree in writing at least sixty (60) days prior to the expiration date, this Agreement may be renewed in writing under the terms and conditions to be then mutually agreed upon by the parties hereto.

7.2 If either party hereto breaches any of the provisions herein, the non-breaching party may send a written notice of such breach to the breaching party. If such breach is not cured within thirty (30) days after such notice is sent, then the non-breaching party may terminate this Agreement forthwith by notice in writing to the breaching party without prejudice to any other remedies it may have.

7.3 If either party hereto (i) is dissolved, (ii) applies for bankruptcy, receivership, liquidation or other similar proceedings in relation to itself, (iii) becomes insolvent, (iv) becomes incapable of fully or effectively continuing or performing its obligations hereunder due to adverse change in its structure or its financial situation or due to any other important reason, or (v) is acquired, the other party hereto may at its option, and in addition without prejudice to any other remedies to which it may be entitled, terminate forthwith this Agreement by giving a written notice to the other party stating the cause of such termination.

7.4 Any termination or expiration of this Agreement shall not affect in any way the rights and obligations of any party hereto under any Individual

第3章　Distributorship Agreement から英文契約書を学ぶ　*83*

Contract effectively concluded and in existence prior to such termination or expiration.

第7条（期間および解除）

7.1　本契約は，本契約冒頭記載の日に発効し，本契約のいずれかの規定に従い早期に解除されない限りその後3年間有効とする。本契約当事者が本契約満了日の少なくとも60日前までに書面で相互に合意した場合，本契約は本契約当事者間で相互に合意された条件に基づき書面で更新される。

7.2　本契約のいずれかの当事者が本契約のいずれかの規定に違反した場合，他方の当事者は，違反当事者にかかる違反を書面で通知できる。もしかかる違反が，当該書面通知を発送後30日以内に是正されない場合，違反を警告した当事者は違反当事者に書面で通知することにより，自己が有するその他の一切の救済策を損なわれることなく，直ちに本契約を解除できる。

7.3　本契約のいずれかの当事者が，(i) 解散，(ii) 自己に関して破産，管財人管理，清算もしくはその他同様の手続を申請する場合，(iii) 債務超過，(iv) 組織または財政状態の悪化もしくはその他の重大な理由で本契約に基づく義務を十分に継続することまたは有効に履行することができなくなった場合，または (v) 買収された場合，他方の当事者は自己が要求しうるその他の救済策を損なわれることなく自己の裁量で解除の理由を記載した書面通知を付与することにより直ちに本契約を解除できる。

7.4　本契約の解除または満了は，当該解除または満了前に有効に締結され存続する個別契約に基づく本契約当事者の権利義務に何ら影響を及ぼさない。

　1項では，契約書の頭書に記載の締結日から起算し，3年間有効としている。代理店契約は年度毎に見直しが行われることが一般的ではあるが，自動更新条件にはなっていない。契約更新の期限は契約満了日から60日以前と定め，それまでに更新交渉を行うことになるが，更新は義務ではない。

　一方，早期解除条項として2項は契約違反，3項は経営状態の悪化を定め，4項は解除した場合に影響を受ける個々の取引（個別契約）の効力について規定する。

第8条（不可抗力）

Article 8　Force Majeure

8.1 Neither party hereto shall be liable to the other party for failure to perform its obligations hereunder or under an Individual Contract due to the occurrence of any event beyond the reasonable control of such party and affecting its performance including, without limitation, governmental regulations or orders, acts of God, war, riots, fire, strikes, lockouts or any other similar causes ("Force Majeure"). If Force Majeure continues for ninety (90) days or more, either party may terminate this Agreement upon written notice to the other party.

8.2 Notwithstanding the foregoing, no occurrence of any event of Force Majeure shall relieve Distributor of its obligation to make payment for any Products that had already been delivered to Distributor under any Individual Contract.

第8条（不可抗力）

8.1 本契約当事者は，政府の規制または命令，天災地変，戦争，暴動，火災，ストライキ，ロックアウト，その他同様の原因を含みそれらに限定されない，当該当事者の合理的な管理を超えた事由（以下，不可効力という）が発生したため，本契約または個別契約に基づく自らの義務を履行ができないことについて，他方当事者に対し責任を負わない。不可抗力の事由が90日以上継続した場合，いずれの当事者も相手方に対する書面通知により本契約を解除できる。

8.2 前項にもかかわらず，不可抗力事由の発生が個別契約に基づき，すでにDistributor に引渡された本製品に対する支払義務を免除しない。

第3章　Distributorship Agreement から英文契約書を学ぶ　*85*

　契約締結後，契約当事者が予期しない事由が発生し，それがいずれの当事者の責任でなく，契約履行ができなくなることがある。このような場合を不可抗力（Force Majeure）といい，契約検討にあたっては，どのような事由を不可抗力とするか，事由の発生を通知する義務を課すか，いつまで事由の継続を認めるのかなどに注意する必要がある。不可抗力が発生した場合，履行遅滞，不履行が免責され，特約がない限り直ちに解除権の発生はない。

　1項は，政府の行為，天災，人災を例示し，それと類似の状況も不可抗力に含めて（「その他同様の原因を…」の部分），免責的な効力を規定している。最近では，

　2項は，不可抗力が発生しても，個々の個別契約における支払義務は免責されないことを定め，支払債務の存続を明記した。

第 9 条（譲渡）

Article 9 Assignment

Neither of the parties hereto, without prior written consent of the other party, may assign, transfer or mortgage any of its rights or obligations under this Agreement or under any Individual Contract to any third party, and any attempted assignment in violation of this Article shall be void.

第 9 条（譲渡）

　本契約のいずれの当事者も，相手方の事前の書面による同意がなければ，本契約または個別契約のいずれの権利義務も第三者に譲渡，継承，もしくは担保に供することができない。本条に違反する譲渡の試みは無効とする。

　契約相手先の変更で取引状況が一変することは，契約当事者にとって取引安全に影響する重大事由であるので契約譲渡は禁止される。他方，契約は合併などによって承諾を必要としないで移転することもある。

　ここでは，当事者に重大な影響を及ぼす契約上の権利義務の「譲渡」を相手方の同意がなければ認めないことにした。

11 第10条（機密保持）

> **Article 10 Confidentiality**
>
> During the term of this Agreement and for five (5) years after the termination of this Agreement, Distributor shall keep secret any confidential information that it may acquire in connection with the Products or its performance under this Agreement, except such information is kept by Distributor at the time of disclosure or becomes, generally known or publicly available.
>
> **第10条（機密保持）**
>
> 　本契約有効期間中ならびに解除後5年間，Distributorによってその情報が保持されるかその後に公知かまたは入手可能な範囲である場合を除き，Distributorは，本契約に基づき本製品または本製品の性能に関して入手可能ないかなる秘密情報も機密保持しなければならない。

　秘密情報は，開示者側の権益を守るため，情報に相手先でアクセスできる権限者を定めた上で開示し，その情報が他者に漏れないようにすることが重要である。

　何を秘密情報から除外するかについては，ここでは「公知」または「開示時に入手可能」な情報を除外している。既に公開された情報（印刷物や電子媒体など）はどこでも入手でき，開示者による秘密情報とはいえない。

　なお，通常の秘密保持契約と同様に秘密情報の例外を規定しておくことを考えるべきである。

12　第11条（仲裁）

> **Article 11　Arbitration**
>
> Any disputes, controversies, or differences arising between the parties hereto in connection with this Agreement or any Individual Contract shall be settled between the parties hereto by mutual negotiation. Any of the foregoing, which cannot be resolved by such mutual endeavors, shall be finally settled by arbitration in Tokyo, Japan in accordance with the rules and procedures of the Japan Commercial Arbitration Association. The arbitration shall be conducted in the English language. The award shall be final and binding upon the parties hereto.
>
> **第11条（仲裁）**
>
> 　本契約または個別契約に関して当事者間で発生するいかなる紛争，論争，意見の相違についても相互協議により両当事者間で解決され，かかる相互努力により解決できない紛争，論争または意見の相違は，社団法人国際商事仲裁協会の手続規則に従い，日本国東京における仲裁により最終的に解決される。仲裁で使用される言語は英語とする。仲裁判断は最終的なものであり，かつ本契約の当事者を拘束する。

　紛争解決は，双方協議，裁判または商事仲裁で解決することになる。協議で済めば問題ないが，話し合いがつかない場合には，裁判所での公的解決か，商事仲裁専門機関による商事仲裁で私的に解決することになる。

　取引の専門家を仲裁人に選任でき，業界の事情に即した短期の結論が出せる商事仲裁で解決する方法を規定することが多い。

　公権力による強制が必要な場合，裁判とすることになる。ここでは，日本の仲裁協会の規則（ルールと手続）に則り，東京（場所）にて英語（言語）で仲裁し終局裁定を行うことを定めている。

第12条(準拠法および言語)

Article 12 Governing Law and Language

This Agreement and each Individual Contract shall be governed by and construed in accordance with the laws of Japan. The original of this Agreement shall be the one executed in the English language and any version thereof in any other language shall be deemed to be a translation, which shall have no legal force or effect whatsoever.

第12条(準拠法および言語)

本契約,各々の個別契約およびそれらに関するすべての取引は,日本の法律に支配され,解釈される。本契約の正本は,英語で作成されたものをいい,他の言語によるものは翻訳とし,いかなる法的効力または影響力も持たない。

契約解釈の根拠となる法令を準拠法という。契約上の権利義務は,準拠法の影響を受けて解釈・運用されるため,準拠法をどこの国の法令にするかは重要である。

一般的には,契約当事者のいずれかの国の法令を選択することが多く,どちらが有利か不利かは,一概には決められない。契約が対象とする取引がどこでどのようになされ,どのように解決されるのが当事者の意思に合致するのかを判断して決めることになる。最終的に準拠法を決めず,国際私法上の判断にゆだねる場合もある。

代理店契約において動産売買であれば,動産売買に関するウィーン条約の適用がある。ウィーン条約の適用を排除することを明記する場合も多く,その場合の英文例は以下のとおりである

> The Parties hereby confirm and agree that United Nations Conventions of Contracts for the International Sales of Goods, 1980 shall not apply to the interpretation of this Agreement.

　契約作成言語を指定してどれが正本かを定めることも大切である。特に，英文契約書のほかに参考翻訳日本語で作成している場合，いずれが正本か定めておかないと，翻訳の表現上の相違が大きな問題となることがある。

14 第13条(完全合意)

Article 13 Entire Agreement

This Agreement sets forth the entire Agreement between the parties hereto concerning the subject matters hereof and supersedes and cancels all previous negotiations or understandings concerning the subject matters hereof.

第13条(完全合意)

本契約は,本契約の主題に関する当事者間の合意のすべてを記載するものであり,かかる主題に関する従来の交渉または理解の一切を無効とし,これらにとってかわる。

Entire Agreement(完全合意)は,英文契約独特の条項で,契約が締結されるまでに契約当事者間で行われた様々な合意は,全てこの契約に集約されて合意され,締結までの合意は無効となるという条項である。

これにより,従来行われてきた交渉と合意は,契約締結で合意されたことになり,再交渉が不要になり,交渉中の合意に基づいて契約後に「あのときこのように合意した」と主張しても,この条項で無効となる。

日本における協議条項は完全合意条項に反する概念として受けいれられない。

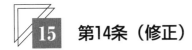

第14条（修正）

Article 14 Amendment

This Agreement may be modified or amended only if agreed in writing and signed by a duly authorized representative of each of the parties hereto.

第14条（修正）

　本契約は，両当事者の正当に権限を有する代表者による署名のある書面合意によってのみ改訂または修正される。

　契約の修正は，契約当事者の権利義務に影響を与えるため，担当者が合意して修正できるとすれば，予期しない合意が有効となることもある。そのため，正当に権限を有する代表者（例えば，代表権をもった取締役等）が書面合意しないと，修正できないと定めて安易な修正を防止している。

第3章　Distributorship Agreement から英文契約書を学ぶ　　93

16　第15条（分離性）

Article 15　Severability

Should any part or provision of this Agreement be determined to be unenforceable or in conflict with the laws of any jurisdiction, the validity of the remaining parts or provisions shall not be affected by such determination. The parties hereto shall in such event undertake to replace such invalidated part, if necessary, by another non-conflicting term in the same spirit as the original.

第15条（分離性）

　本契約のいずれかの部分もしくは条項が履行不能もしくは管轄権のある法律に抵触すると決定された場合，残りの部分または規定の有効性は，当該決定に何ら影響されない。かかる場合，本契約の当事者は必要に応じ原契約と同じ精神で，かかる無効となった部分を法律に抵触しないその他の表現に変更することを約する。

　契約の条項が法令により，部分的に影響を受けて取引を履行できないことがある。この条項は，影響を受けた一部の条項を除いてその他は有効に適用させ，取引の安全を図ることになり，影響を受けた部分は契約当事者が相談の上，修正して影響を排除することになる。

17 契約書末尾

IN WITNESS WHEREOF, the parties hereto have caused this Agreement to be executed by their duly authorized representatives.

ABC Japan Corp.　　　　　　DEF US Corporation
By:　　　　　　　　　　　　By:
Title:　　　　　　　　　　　Title:
Date:　　　　　　　　　　　Date:

本契約の証として，本契約当事者は正式に権限を有する代表者として本書に署名した。

ABC Japan 株式会社　　　　DEF US 株式会社
署名：　　　　　　　　　　署名：
役職：　　　　　　　　　　役職：
日付：　　　　　　　　　　日付：

　契約書末尾には，署名欄を設ける。署名する権限を会社から与えられていない担当者が署名すると，担当者個人が責任を負うことになる。実務上は，会社の法定代表権を有する取締役（代表取締役），あるいは社内の決裁において代表取締役から署名権限を委任された会社の幹部が署名することが一般的である。

　文例の「IN WITNESS WHEREOF」は通常大文字で記載され，「In witness of this Agreement」（本契約の証として）という意味で，いずれで記載してもかまわない。また，冒頭の署名日を再度記載する文例も良く見られる。

　例えば，representatives の後に続けて，「as of the date first above written」，「as of the date and year first above written」または「on the date specified at the beginning of this Agreement」のいずれかを追加記載することがよくある。もちろん，「as of October 1, 2017」とした確定した日付を記載してもよい。

第4章

さまざまな契約書式

1 売買契約 (Sales Agreement)

　金額の高い機械やプラントなどの売買には取引ごとに売買契約書が作成される。一方，小額の売買契約や基本契約に基づく個別売買契約は，注文書（Purchase Order）と注文請書（Acceptance of Order）の交換で行われる（諸条件は Terms & Conditions として裏面約款が使われる）。

SALES AGREEMENT

THIS AGREEMENT is made on this ＿ day of ＿, 2017 by and between DEF US Inc., a corporation duly formed and existing under the laws of the State of New York and having its principal office at ＿＿＿ (the "Seller") and ABC Japan Corporation, a corporation duly formed and existing under the laws of Japan and having its head office at ＿＿, Japan (the "Buyer").

RECITALS:

WHEREAS, the Seller has agreed to sell ＿＿＿ as more specifically described in Appendix A of this Agreement (the "Product") to the Buyer on and subject to the terms and conditions of this Agreement; and

WHEREAS, the Buyer has agreed to purchase the Product on and subject to the terms and conditions of this Agreement.

NOW THEREFORE, in consideration of the mutual covenants contained herein, the parties hereto agree as follows:

1. AGREEMENT TO PURCHASE AND SELL
On the terms and conditions set forth in this Agreement, the Seller agrees to sell and the Buyer agrees to purchase the Product.

2. DELIVERY
The Seller shall deliver the Product to the Buyer on the basis of FOB (INCOTERMS®2010) at the port of ＿＿＿.

第4章 さまざまな契約書式 97

［Whereas 条項］ 売買対象物と国内法規

Whereas Clause で商品が定義される。日本に輸入するにあたり，事前に国内法規の制限の確認が必要である。

医療器具は認可が必要であり，例えば直流電源装置・アダプター（電器用品安全法）やマグカップ（食品衛生法）は検査が必要である。日本国内法規に基づく諸手続き（輸入者申請や原産地表示など）が必要になる。通関コンサルタントを起用してこのような規制の確認を行うこともできる。

［1条］ 売買契約と基本契約

長期間に引渡される売買契約の場合，1つの売買契約として個々の引渡は個別売買契約を構成しない場合と，売買基本契約（basic contract of sale）が作成されたうえ，個別売買において個別売買契約（individual contract of sale）が作成される場合がある。

なお，輸出入代理店契約の本質は国際売買契約である。エンドカスタマーとメーカー間の直接売買もあるが，転売目的の売買（例：海外メーカーと日本商社）の場合もある。後者において一定期間継続的になった形態が代理店契約となる。

［2条］ 引渡条件

引渡は，FOB（free on board）積地港渡条件としている。INCOTERMS® 規則においては，INCOTERMS® 2010と契約書に記載することで，International Chamber of Commerce（国際商業会議所）が定める貿易基本条件（例えば，ここでは FOB）を引用したことになる。

なお，米国統一商事法典（UCC）においては，FOB 用語に異なる規定をおいている点に注意する。

UCC§ 2-319. F.O.B. and F.A.S. Terms.

(1) Unless otherwise agreed the term F.O.B. (which means "free on board") at a named place, even though used only in connection with the stated price, is a delivery term under which (a) when the term is F.O.B. the place of shipment, the seller must at that place ship the goods in the manner provided in this Article (Section 2-504)

3. PRICE

The price of the Product (the "Price") to be paid by the Buyer to the Seller shall be specified in Appendix B to this Agreement.

4. PAYMENT

Payment of the Product shall be made by means of TT remittance to the bank account specified by the Seller which shall be made by the Buyer on and prior to 60 days after the B/L date. In case of non-payment by the Buyer, in addition to any other remedies available to the Seller, the Buyer shall be liable for any loss or damages which the Seller may suffer, including but not limited to, overdue interest, which is fifteen (15) percent per annum. The overdue interest shall be calculated on the basis of the actual days elapsed after due date.

5. INSPECTION

The Seller shall allow the Buyer or its authorized agent to inspect the Product at the Buyer's sole expense provided that any such inspection shall be carried out prior to shipment and before packing the Product.

6. WARRANTIES

The Seller shall warrant that the Product meets the specification for thirteen (13) months after the date of B/L. In the event that the Product is found to be defective, the Buyer shall provide notice in writing to the Seller of such defect. If such notice is received by the Seller within the warranty period stated above, the Seller shall, at its sole discretion, replace the defective parts with new parts, replace the defective Product with a new Product, or refund the purchase money of the Product, as the Seller's sole responsibility and obligation under this warranty clause. THE FOREGOING WARRANTY IS IN LIEU OF ALL OTHER WARRANTIES EXPRESS OR IMPLIED, INCLUDING BUT NOT LIMITED TO WARRANTY OF MERCHANTABILITY AND FITNESS FOR A PARTICLULAR PURPOSE.

第4章　さまざまな契約書式　99

> and bear the expense and risk of putting them into the possession of the carrier; or
> (b) when the term is F.O.B. the place of destination, the seller must at his own expense and risk transport the goods to that place and there tender delivery of them in the manner provided in this Article (Section 2-503);

［4条］　支払条件

　売買契約における支払条件は，L/C（Letter of Credit，信用状）や，前払い（Advance Payment）と後払いが考えられ，本契約では後払い条件である。payment on the basis of D/P after 60 days とあるが，売主が買主に対して60日の与信（credit）を与えたことを意味する。この与信を与えるための条件として2つの方法がある。

- D/P　Documents against Payment（支払渡し）
　荷為替手形（Bill of Exchange あるいは Documentary Draft）を伴う取引において，代金支払いのための手形の支払いを行わなければ，船積書類を受け取れない条件。

- D/A　Documents against Acceptance（引受渡し）
　代金支払いのための手形の引き受けを行わなければ，船積書類を受け取れない条件。

［5条］　検査

　船積前検査は買主が行うとしている。これを，仕向港到着後30日間で検査を行う仕向地検査条件に変更することもできる。ただし，検査後の瑕疵は負担しないと解釈されるおそれがあり，検査が最終でない場合，その検査の性質を明確にすべきである。

　検査終了後，梱包作業中あるいは船積港までの陸送中といった，引渡までに損害が生じる可能性がある。さらに，引渡が完了した後の海上輸送中に損害が生じることがあり，実際損害が生じた場合にどの時点で損害が生じたか明確にすることは難しい。損害がどこで生じたか判明しない場合，専門家の鑑定が必要になる。CIF 渡し条件といった保険でカバーされていれば，その交渉については保険会社に任せることもできる。

7. LIMITATION OF SELLER'S LIABILITY

Notwithstanding anything contrary which may be contained in this Agreement, the Seller shall be under no liability to the Buyer exceeding the purchase price set forth in this Agreement and in no event shall the Seller be liable for any indirect, special, incidental or consequential damages and the Buyer expressly waives any right to receive such damages.

8. TERMINATION

In case the Buyer (a) becomes insolvent, (b) files against the Buyer a petition in bankruptcy or for reorganization, (c) fails to pay in full any amounts due under this Agreement when due, or (d) makes an assignment for the benefit of the Buyer's creditors, the Seller shall have the right to terminate this Agreement by providing written notice of termination to the Buyer.

9. MISCELLANEOUS CLAUSES

1) Assignment

The parties to this Agreement shall not assign whole or in part, its respective duties or obligations under this Agreement without the prior written consent of the other party.

2) Entire Agreement

This Agreement contains the entire agreement between the parties with respect to the subject matter hereof and supersedes all prior agreements, understandings and representations.

3) Waiver

The failure, delay or omission of either party to perform any right or remedy provided in this Agreement shall not be a waiver.

4) Notice

Any notice required or permitted to be given under this Agreement shall be in writing and shall be deemed to have been given upon personal delivery or mailing to the address hereinabove.

第4章　さまざまな契約書式　　*101*

> 検査を仕向地において行う場合の英文例
> The Buyer shall inspect the Product within thirty (30) days arriving at the port of destination.

［6条］　保証内容

　船積証券発行後13ヶ月間商品が仕様（specifications）に合致することを定めている。この保証期間内に商品に瑕疵（defect）があることがわかった場合で，さらに通知が売主に対して保証期間内になされた場合に売主が責任を負担する。保証免責規定に注意する。

［7条］　免責（LOL, Limitation of Liability）

　売主の責任制限は売買金額と同額までとしている。PL 問題による損害について，消費者契約法が定められている法域では，裁判所がこの責任制限を認めない場合がある。

　売主からのみ一定条件の場合に契約解除できることを定めているが，両者から解除するように変更する事もできる。また，解除に伴い生じることのある損害について賠償することを取り決めることもできる。

> 両者解除の例：
> In case either party (a) becomes insolvent, (b) files against such party a petition in bankruptcy or for reorganization, (c) fails to pay in full any amounts due under this Agreement when due, or (d) makes an assignment for the benefit of such party's creditors, the other party shall have the right to terminate this Agreement by providing written notice of termination to such party.

　一般条項は最低限の条項を規定しているので，取引に応じて本条の内容を修正すべきである（例えば変更条項など追加項目を入れることを検討する）。

　両当事者が本契約に基づく権利を譲渡できないことを定めているが，売主は，売買代金をファクタリング会社に譲渡するといった事由で売主の譲渡は自由であること条件を取り決めることもできる。

　動産売買契約であり，日本法を準拠法とすれば動産売買に関するウィーン条

5) Applicable Law and Venue

This Agreement shall be governed by [ ] law. The parties to this Agreement agrees that the [ ] courts shall have non-exclusive jurisdiction in relation to any dispute arising out of or in respect of this Agreement.

IN WITNESS WHEREOF, the Seller and the Buyer have executed these presents on the day and year first above written.

DEF US Inc.   ABC Japan Corporation

_____   _____

Appendix A
[Description of the Product]
Appendix B
[Price list of the Product]

約の適用がある。ウィーン条約の適用を排除することを明記する場合も多い。

　本条では，裁判による解決としているが，動産売買契約として仲裁を紛争解決方法とすることも多い。この場合，どの仲裁機関にするか慎重に選定する。

　Appendix を作成し，内容を確認して最終契約版に添付し忘れないようにする。

ライセンス契約（License Agreement）

　ライセンス契約は，ライセンサー（licensor）がライセンシー（licensee）に対して一定の権利を許諾（license）する契約であり，その中身は多種多様である。契約書タイトルは「ライセンス契約」や「使用許諾契約」などが使われ，内容で判断される。

LICENSE AGREEMENT

This License Agreement (this "Agreement") is entered into as of the ＿＿ day of ＿＿, 2017, by and between DEF US Inc., a corporation duly formed and existing under the laws of the State of New York and having its principal office at ＿＿＿＿, ("Licensor") and ABC Japan Corporation, a corporation duly formed and existing under the laws of Japan and having its head office at ＿＿＿, Japan ("Licensee").

RECITALS

WHEREAS, Licensor owns all rights relating to the technology and know-how (the "Technology") for <u>packaging liquids using paper bags</u> to produce the Products which are listed in <u>Exhibit A</u> attached hereto;

WHEREAS, Licensee wishes to manufacture, sell and distribute the Products in Japan using the Technology; and

WHEREAS, Licensee desires to obtain from Licensor and Licensor is willing to provide to Licensee on an exclusive basis, a license to manufacture, sell and distribute the Products in Japan using the Technology, all on the terms and conditions set forth in this Agreement.

NOW, THEREFORE, in consideration of the mutual covenants of the parties hereto, it is mutually agreed as follows:

第4章　さまざまな契約書式　　*105*

［ライセンス契約の種類］

　本章におけるモデル契約は製造販売ライセンス契約であるが，ライセンス契約には他にも多数形態がある。

契約形態	内　　容	商品の製造者等
製造ライセンス	ライセンサーがライセンシーに商品製造を許諾	ライセンサーがライセンシーに商品製造のみを委託する下請製造契約。ライセンシーはライセンサー以外の第三者に販売することは認められない。

［製造ライセンスモデル］
Licensee 製造（Lincesee の技術援助による）→ Licensor 卸売→顧客（問屋経由）

契約形態	内　　容	商品の製造者等
販売ライセンス	ライセンサーがライセンシーに商品販売を許諾	メーカーや販売権者がライセンシーに販売権を与える契約。ライセンサーから契約商品がライセンシーに供給され，ライセンシーは製造できない。

［販売ライセンスモデル］（単に販売代理店契約ともいえる）
　　　　商品販売，サポート
Licensor - 商標権使用許諾→ Licensee- 卸売→顧客（問屋経由）
　　　　品質保証

契約形態	内　　容	商品の製造者等
製造・販売ライセンス	ライセンサーがライセンシーに商品製造と販売を許諾	ライセンシーには製造と販売が認められる。ライセンサーとライセンシー間の物流はない。販売ライセンスとの複合形態もある（高級品のみライセンシーがライセンサーから購入する権利が認められるなど）。

［製造販売ライセンスモデル］
　　　　技術援助　　　　　　　　製造販売
Licensor - 商標権使用許諾→ Licensee—サポート→顧客（問屋経由）
　　　　Know-How 提供　　　　　品質保証

［製造販売ライセンスモデル＋製造委託モデル］
　　　　技術援助
Licensor - 商標権使用許諾→ Licensee 販売，サポート→顧客（問屋経由）
　　　　Know-How 提供　　　　↓製造委託
　　　　　　　　下請会社による製造

Article 1 Definition

1.1 "License Year" shall mean the one year period starting on the effective date of this Agreement as specified herein, or any anniversary thereof, provided that said anniversary occurs during the term of this Agreement.

1.2 "Marks" shall mean any and all registered or unregistered trademarks, service marks, trade names or other symbols owned or controlled by Licensor and which Licensee may use to identify the Products.

1.3 "Net Sales Price" shall mean the Licensee's actual sales price for the Products to a customer in an arm's length transaction less any consumption, sales or value added taxes tax in the Territory, and less any transport charges including, but not limited to, insurance and packing costs.

1.4 "Patents" shall mean all patents (including those specified in Exhibit B or rights in pending patent applications (including Japanese Patent Application Number___) or future patent applications in the Territory relating to the Products.

1.5 "Technology" shall mean all information, instructions, data, and trade secrets in or which come into the possession of the Licensor which are related to the manufacture of the Products.

1.6 "Territory" shall mean Japan.

Article 2 License

2.1 License. Licensor hereby grants to Licensee an exclusive license (a) to use, manufacture, sell and distribute the Products in the Territory; and, (b) to indicate that the Products are manufactured and sold by Licensee in the Territory as an exclusively authorized manufacturer of Licensor and to use Marks in connection with the sale of the Products in the Territory.

2.2 Exclusivity. Licensor agrees that the license granted by this Agreement and the rights transferred hereunder shall be granted exclusively to

フランチャイズライセンス	ランチャイザーがフランチャイジーに許諾	コンビニエンスストアやファストフードの加盟店契約にはブランド使用許諾，ノウハウ提供，商品供給が契約の内容となる。
ソフトウェアライセンス	ライセンサーからライセンシーに許諾	ソフトウェア使用が許諾されるが，売買契約とされる場合も多い。ライセンシーはメディアの所有権をもつが，ソフトウエア自体に権利を持たない。

［1.1条］　契約年度

契約年は，契約締結日から1年とすることを取り決めている。西暦にすることもできるが，1月1日に開始しないと，契約初年度が短くなるため，最低販売数などを調整することになる。契約年がライセンスフィーの支払計算の根拠となる。

［1.3条］　正味販売価格

正味販売価格には消費税，運送費，保険料，梱包費などが控除され，独立当事者価格（arm's length transaction）であることが明記されている。ここでは，限らない（but not limited to）としているため，何を控除できるか争いになる可能性があるので，明記することが望ましい。

［2.1条］　製造販売ライセンス

本契約は製造販売ライセンスである。つまり，ライセンサーは本商品の使用，製造，販売，流通をライセンシーに許諾している。映画俳優の名前など商標権使用許諾のみで，Licensor から製造販売に必要なノウハウの提供がない場合（ライセンシーが商品自体を作成しないとならない），ノウハウの提供がある場合（サンプルなどが提供される）がある。さらに，ライセンシーが自分で製造する場合と，委託先（サブライセンシー）に製造委託する場合がある。

いずれの場合においても，ライセンシーは顧客（商社や問屋でもよい）に対しての商品物流が生じる。契約作成時に注意すべき事項は以下のとおりである。

- 商標権の専用使用許諾，商標登録
- ライセンスフィーの計算根拠

Licensee in the Territory. Licensor also agrees that it shall not sell, manufacture or distribute the Products on its own behalf in the Territory, and will not knowingly sell or provide any license to any other individual or entity which Licensor believes will sell or manufacture the Products in the Territory.

2.3 <u>Support</u>. Licensor shall furnish to Licensee all information, documents, blueprints, working drawings, and any and all other data, software, prototypes, specimens and physical things and information necessary for the manufacture, distribution and sale of the Products. Licensor shall, during the term of this Agreement, render to Licensee such technical assistance and support as may be requested by Licensee to instruct and train Licensee, its agents and employees in all aspects of the manufacture, service and installation of the Products as specified in Article 3. All documentary data to be furnished to Licensee hereunder shall be specified in the metric system and in the English language.

2.4 <u>Materials and Equipment</u>. Licensor agrees to sell to Licensee at fair market value parts or equipment needed by Licensee in the manufacturing of the Products but only if Licensee is unable to obtain said items of equivalent quality at comparable prices from domestic sources.

2.5 <u>No Sublicense</u>. The license granted hereunder shall not grant Licensee to sub-license, assign or otherwise transfer its rights hereunder.

2.6 <u>Improvement</u>. Each of the parties hereto agrees that the details of any Improvement to the Products or the Technology, whether patented or not, are disclosed to the other party as soon as practicable, including all necessary information concerning Improvements. Such disclosure shall be on a royalty free basis, and without demanding any additional payment of any kind from the other party.

Article 3 Training

3.1 <u>Licensee Trainees</u>. Licensee may send appropriately qualified employees of Licensee ("Trainees") to the premises of Licensor to receive training

- 日本のマーケットに適合した商品をライセンサーが企画できるか。
- ノウハウの提供があるのか，どのような形態になるか。
- 広告費用の負担
- 改良技術の扱い
- 商標登録
- 契約更新条件

［2.2条］ 独占販売権

　本契約はライセンシーに独占販売権がある。ライセンサーは，域内に販売しない事ならびに域内に販売することを知っている者に対して販売しない事も同意している。このような地域制限については，地域における独占禁止法に基づく有効性の確認が必要である。

［2.3条］ 技術援助

　ライセンサーがライセンシーに対して必要となる技術援助を行うとしている。ここでは第3条を別に設けて規定しているが，技術援助の場所，範囲，費用について明確に取り決めておく必要がある。

［2.4条］ 部品購入権

　ライセンシーが商品を製造するにあたって必要な部品をライセンサーから購入できる

［2.5条］ サブライセンス

　本契約においてサブライセンス権は認められていない。

［2.6条］ 改良技術

　改良技術が行われた場合，ロイヤルティーなしで相手方に情報提供する義務が取り決められているが，共同研究開発に関する独占禁止法上の指針など，違法にならないよう留意する。例えば，「ライセンシーが行った改良技術は全て無償でライセンサーに譲渡し，自らは一切使用できない。」といった条項はどこの法域でも問題とされる可能性が高い。

［3条］ トレーニング

　ライセンシーは，その選択によってライセンサーに対してトレーニング目的

and technical assistance hereunder. The time and period of training, and the number of Trainees shall be separately determined by the parties hereto. Licensee shall be responsible for any and all salaries and taxes which are payable to any of the Trainees as well as the travel, hotel and living expenses incurred by any of Trainees sent to Licensor.

3.2 Licensor's Training Obligations. If so requested by Licensee, Licensor shall dispatch its employees or agents to visit the premises of Licensee in the Territory for the purpose of instructing and assisting appropriate employees of Licensee in the use of the Technology and in the manufacture of the Products. The details of the terms and conditions of the visit to Japan or other manufacturing plants in the Territory by Licensor shall be separately determined from time to time between Licensor and Licensee. If Licensor is so invited upon the request of Licensee, Licensee shall pay to Licensor at such bank as Licensor shall nominate all reasonable transportation and airfare expenses. All training hereunder shall be provided in English.

Article 4 Royalty

4.1 Running Royalty. Subject to 4.2, in consideration of the License granted by Section 2.1 hereof, as the running royalty, Licensee shall pay eight (8) percent of the Net Sales Price of the Products [shipped] [sold] [invoiced] by Licensee during each calendar year, or the equivalent thereof (the "Running Royalty"). Such Running Royalty shall be paid thirty (30) days from the expiration of each License Year.

4.2 Minimum Royalty. Licensee agrees to pay a minimum royalty in the amount shown below for the respective year ("Minimum Royalty"):

First License Year: Yen 20,000,000
Second and following License Years: Yen 40,000,000

Within thirty (30) days from the commencement of each License Year, Licensee shall pay to Licensor the Minimum Royalty.

4.3 Royalty Payment. Payments payable by Licensee to Licensor under this Article shall be made in Japanese Yen by means of telegraphic transfer

で社員を派遣することが認められているが，その費用と義務について明確にしなければならない。

　一方，ライセンシーがライセンサーに対して要求した場合，技術指導のためのライセンサーの社員を派遣しなければならないことになっている。これについても費用と義務について明確にしなければならない。

［4条］　ロイヤルティー

　ランニングロイヤルティーとして正味販売価格の8％を支払うことになっているが，出荷ベースか，販売ベースか，請求ベースか選択しなければならない。

　ライセンス契約では，ライセンシーはライセンサーにライセンスフィー（ロイヤルティー）を支払う（販売ライセンスの場合は売主であるライセンサーが買主であるライセンシーから売買代金の回収で行われるためロイヤルティーの個別支払いはない）。条件は，以下の組み合わせとなる。

- 契約締結時に支払われるイニシャルロイヤルティー（initial royalty）
- 毎年最低限のライセンスフィーを保証するミニマムロイヤルティー（minimum royalty）
- 売り上げに応じて支払うランニングロイヤルティー（running royalty）

　ロイヤルティーの算定根拠となるのは正味売上高であるが，売上高の算定にあたって返品，リベート，税金（消費税）をどう扱うって売上高を算定するかについて，ライセンシー側としてはこういったコストを差し引くことを交渉することになる。また，時期であるが，いつ販売したことになるのか，契約ベースか，引渡ベースか，代金回収ベースかを明確にする必要がある。

　ライセンサーがその子会社に販売している場合は独立当事者（arms' length）価格でないとして，販売価格自体が修正されることになる。ライセンスフィーは源泉徴収の対象となるため，税金処理の規定が必要であり，また租税条約の締結国がライセンサーであるかどうかについても調査する必要がある。

　最後に，ドルなど外国通貨にした場合の為替リスクも検討すべきである。

remittance to the account of Licensor with a bank which Licensor shall from time to time designate in writing to Licensee. Withholding taxes which may be imposed by the government of Japan or any taxing authority thereof on the payment of any sum due to Licensor hereunder shall be borne by Licensor; Licensee shall deduct or withhold such income tax at the request or requirement of the Japanese or other relevant tax authority on behalf of Licensor, furnishing Licensor without delay a tax certificate showing that such tax has been paid. Licensee shall keep complete and accurate records from which can be obtained all the information necessary to determine the amount due to Licensor under this Agreement and shall send to Licensor within thirty (30) days from the last day of each License Year, statement showing the payment due, for shipments of the products made during the preceding License Year, together with remittance for such royalty as shall be due in relation to the shipments.

4.4 <u>Fees Charged</u>. Licensee shall bear any fees charged by a remitting or receiving bank with respect to any and all sums payable by Licensee to Licensor hereunder.

Article 5 Repersentations and warranties, indemnities

5.1 <u>Licensor's Representations and Warranties</u>. Licensor hereby represents and warrants to Licensee that:

    (a) The Technology, Patent and Marks are the sole and exclusive property of Licensor and properly registered to the relevant authority;

    (b) Licensor shall maintain the registration of Patent and Marks during the term of this Agreement;

    (c) Licensor has taken all necessary action required to enter into this Agreement, and the execution, delivery and performance of this Agreement will not result in any breach, default or violation of any agreement or instrument to which Licensor is a party or by which Licensor is bound; and

第4章　さまざまな契約書式　　*113*

> ラインセンスフィー規定例
> • 契約締結時イニシャルロイヤルティー　1千万円
> • ミニマムロイヤルティー　年間1千万円
> • 売上10%のランニングロイヤルティー　毎年払い（暦どおりのcalendar yearあるいは契約開始年月日をベースにしたcontract year）
> 契約締結時に2千万円支払う。1年目の売り上げが1億5千万円であった場合，ランニングロイヤルティーは1,500万円となる。しかし，ミニマムロイヤルティーとして1,000万円支払っているので，追加500万円を支払うが，契約第2年次のミニマムロイヤルティーとしての1,000万円支払わなければならないので，結局1,500万円を支払うことになる。

[4.2条]　ミニマムロイヤルティー

　本契約においては，契約年度開始から30日以内に初年度は20百万円，2年度以降は40百万円を支払うことになっている。

　一方，ライセンスフィーはミニマムロイヤルティーを下回ったときにおいてのみ経過後支払うという取り決めを行うと以下のようになる。

　　初年度売上高　200,000,000円

　　ランニングロイヤルティー　16,000,000円（4.1条に基づき8%）

　　ミニマムロイヤルティー（初年度）20,000,000円（契約時支払済）

　　ミニマムロイヤルティー初年度不足額　4,000,000円（20,000,000円 − 16,000,000円）

　2年度開始時支払額　44,000,000円（2年度ミニマムロイヤルティー＋ミニマムロイヤルティー初年度不足額）

[4.3条]　源泉徴収税

　源泉徴収の方法の取り決めがなされている。源泉徴収によってライセンサーの受取額は減少するわけであり，源泉徴収税支払いについての税当局からの証明書をライセンサーに提出することになっている。

　本契約には規定はされていないが，超過したロイヤルティーをミニマムロイヤルティーの計算のために翌年へ持ち越せる，という取り決めをすることもできる（持ち越し複数年度の持ち越しも可能である）。この場合の条項例は下記

(d) The use by Licensee of the Technology, Patents, and Marks and the Products does and will not infringe any intellectual property right of any third party.

5.2 Licensee's Representations and Warranties. Licensee represents and warrants that:
(a) it has taken all necessary action required to enter into this Agreement; and
(b) the execution, delivery and performance of this Agreement will not result in any breach, default or violation any Agreement or instrument to which Licensee is a party or to which Licensee is bound.

5.3 Notification of Infringement and Licensee's Rights. Licensee shall notify Licensor, in writing, of any infringement of the Patent or Marks of which Licensee is aware in order that Licensor may take appropriate actions.

5.4 Indemnification. Licensor shall indemnify and hold Licensee and its dealers, customers, and each one or more of them harmless and defend Licensee, from and against any and all demands, suits, proceedings, judgments, liens, losses, damages, liabilities and expenses, including but not limited to Licensee's actual legal fees, resulting from claims or lawsuits against Licensee, to the extent that such claims or lawsuits are based in whole or in part, upon Licensee's use or sales of the Products or Licensee's use of the Technology and Marks in the Territory; provided, however, that Licensor shall be given a prompt notice of claim and shall have the right to full control of the defense of any such claim. Licensee shall have the right to participate through its own counsel in such defense or to defend such claims if Licensor fails to fulfill its obligation to do so.

Article 6 Confidential Information.
Neither party shall disclose, directly or indirectly, to any person any information disclosed or made available to it by the other party under this Agreement unless otherwise consented to by the other party.

第4章　さまざまな契約書式　*115*

のとおりとなる（4.2に追加）。

> Notwithstanding the above, in any given License Year, Running Royalty exceeds Minimum Royalty defined above, the exceeded amount shall be carried over and credited to the Minimum Royalty of the succeeding year, but only for the succeeding year.

　　初年度売上高 300,000,000円

　　ランニングロイヤルティー 24,000,000円　（4.1条に基づき8％）

　　ミニマムロイヤルティー（初年度）20,000,000円（契約時支払済）

　　超過達成額 4,000,000円（24,000,000円－20,000,000円）

　　2年度開始時支払額 40,000,000円（2年度ミニマムロイヤルティー 40,000,000円－2年度ランニングロイヤルティー減額（＝初年度超過達成額 4,000,000円）＋初年度ランニングロイヤルティー超過達成額 4,000,000円）

　　2年度売上高 400,000,000円

　　ランニングロイヤルティー 32,000,000円（4.1条に基づき8％）

　　修正ミニマムロイヤルティー（2年度）36,000,000円

　　ミニマムロイヤルティー2年度不足額 4,000,000円（40,000,000円－36,000,000円）

［4.4条］　手数料

　ライセンシーはライセンサーへの支払いにあたっての手数料を負担しなければならない。

［5条］　保証と表明

　Licensor による保証表明の項目数は，Licensee による保証表明よりも項目が多い。これは，Lincensor からは，本契約のベースとなる Know-how，Patent，Marks について登録され，登録を保持することなどについての保証が含まれているからである。

Article 7 Term and Termination

7.1 Effective Date. This Agreement shall become effective on the date of this Agreement and shall be valid for five (5) years thereafter. After the termination of this Agreement, this Agreement shall be valid for continuing periods of one (1) year unless sooner terminated by either party by serving a notice of termination three (3) months prior to the commencement date of the succeeding period.

7.2 Termination. Either of the parties hereto may terminate the license set forth in Section 2.1 hereof at any time upon notice given to the other party, in writing:

(a) if such other party commits a material breach of this Agreement which is not effectively remedied by such other party within thirty (30) days of the first party's notice to that effect, in writing; or

(b) if the other party is wound-up, whether voluntarily or involuntarily, is declared bankrupt, becomes insolvent, or makes an assignment for the benefit of its creditors or has a receiver of its assets appointed, or sells or disposes of all or substantially all of its assets.

In the event that the license set forth in Section 2.1 hereof is terminated by Licensor pursuant to Section 7.2 above, then Licensee shall immediately cease to manufacture, sell or distribute the Products after the date of termination of this Agreement.

Article 8 Miscellaneous Provisions

8.1 Relationship. Licensee and Licensor are independent contractors and neither party shall in any way be considered the agent, representative, joint venture, or employer of the other in any dealing with a third party and may neither act for nor bind the other in any such dealing.

8.2 Assignment. This Agreement may not be assigned by either party to any person, in whole or in part, without the previous consent of the other party, in writing. This Agreement shall inure to the benefit of and be binding upon the successors, assigns and representatives of Licensee and Licensor.

第4章　さまざまな契約書式　*117*

［5.3条］　侵害に対する報告と対処

　知的財産権に関する侵害が起きた場合，Licensee は Lincensor に対してその事実を通知する義務があり，Licensor は適切な手続きを取るとしか規定がない。そこで，Licensor がその侵害から Licensee を守るといった条項を加えることができる。

　Lincensor が侵害などの損害を負担しない文面（ライセンスはするが，その地域における侵害などは責任を持たないという条件，この場合，次項のindemnity と合わせ，契約書全体において Lincensor が負担する範囲について修正が必要となる）

Licensee may, in its sole discretion, take any action (whether legal or other) to stop any infringement by a third party of the Patent or Marks, in its own name and at its own cost. Any compensation awarded and received (whether officially awarded or otherwise provided) as a result of actions taken by Licensee hereunder shall be payable to Licensee in full.

［5.4条］　補償

　Licensee による商品の販売，Technology and Marks の使用によって Licensee に損害が発生し，Licensee が通知を行った場合，Lincensor が侵害に対処することとし，取得できた損害金を取得できる条件である。なお，Licensee は訴訟に参加できないわけでなく，自己の代理人を通じてこの手続きに参加することができる。

［7条］　期間

　ライセンス契約における期間は長めにすることが多い。ここでは5年契約に1年ごとの自動更新付条件である（延長したくない場合は契約終了の3ヶ月前までに通知する義務がある）。

［7.2条］　解除

　Material Breach の場合，ライセンス契約を解除できるが，何が material な範囲になるのか定義づける場合もある。

8.3 Waiver. A waiver by either party of any breach of any provision, condition, term, obligation or limitation of this Agreement shall not be construed as a continuing waiver of other breaches of the same or other provisions, conditions, terms, obligations or limitations.

8.4 Severability. If any specific clause of this Agreement is determined to be unenforceable by a court of competent jurisdiction or other government tribunal, the remainder of this Agreement, to the extent it can exist without the objectionable clause, shall remain in full force and effect.

8.5 Entire Agreement. This Agreement constitutes the entire agreement between the parties hereto and no modification hereof shall be effective unless made by a supplemental agreement in writing, executed by both of the parties hereto, and this Agreement completely supersedes any previous agreement by and between the parties hereto with respect to the matters dealt with herein.

8.6 Governing Law. The construction, interpretation, validity and performance thereof shall be governed by the laws of Japan without regard to principles of conflicts of laws.

8.7 Arbitration. All disputes that may arise under or in relation to this Agreement shall be settled by arbitration in accordance with the rules of the International Chamber of Commerce. The place of arbitration shall be, unless otherwise agreed between the parties, the country in which the respondent resides. The award resulting from any arbitration shall be final and binding on the parties hereto.

8.8 Notice. Any notice required or permitted hereunder shall be deemed to have been served for all purposes hereof if mailed by registered or certified mail, postage prepaid, and if addressed to the party at the address first specified above.

8.9 Counterparts. This Agreement may be executed in multiple counterparts and is effective when each of the parties has executed a copy hereof. Each of the counterparts shall be deemed an original, all counterparts taken together shall comprise one and the same instrument.

第4章 さまざまな契約書式 *119*

> ロイヤルティーの支払義務違反は重大な違反となることを取り決める表現例
> The parties agree that paymen of Royalty under this Agreement shall be material breach.

[8条] 一般条項

　一般条項における重要ポイントは以下のとおりである。

　8.1条（独立当事者）一方の当事者が他方の当事者の代理であったり，当事者間の関係が御共同事業（joint venture という表現であるが，ここでは合弁事業というわけではない）でないことを示す。

　8.6条（準拠法）ここでは日本法としているが，海外 Licensor とのライセンス契約においては Licensesor が納得しない可能性が高い。

　8.7条（仲裁）訴訟より仲裁の方がライセンス契約においては使用すべきである。

合弁契約（Joint Venture Agreement）

　企業間の資本提携の一形態として，合弁契約が締結されることがある。合弁契約には，法人（合弁会社）を設立する場合と設立しない場合（パートナーシップ，コンソーシアムなど）があるが，ここでは法人を設立する場合を例として取り上げる。

　合弁契約では，目的，法人の形態，出資比率，意思決定，当事者の役割などを明確にすることになる。

JOINT VENTURE AGREEMENT

THIS JOINT VENTURE AGREEMENT（this "Agreement"）made and entered into as of the _____, 2017 by and between Pheasant Co. Ltd., a corporation established under the laws of Japan, and having its principal place of business at _____ (hereinafter "Pheasant") and Eagle Corporation, a corporation established under the laws of _____ and having its principal place of business at _____ (hereinafter "Eagle"),

WITNESSETH:

WHEREAS, Pheasant has been well-experienced in manufacturing of the electric appliance as described in the Attachment A and desires to establish joint venture so that it can expand its business in _____; and

WHEREAS, Eagle, having established its presence in electric appliance business, is interested in the business of Pheasant and willing to establish joint venture with Pheasant in _____.

NOW THEREFORE, in consideration of the mutual covenants contained herein, Pheasant and Eagle hereby agree as follows:

第4章　さまざまな契約書式　*121*

［合弁契約締結までのプロセス］

①　企業戦略の構築

　合弁会社の設立の前提には，例えば，新たなマーケットへの参入の必要性，合弁相手との技術提携による相乗効果などさまざまなものが考えられる。こういった課題を解決するための企業戦略，その中での合弁会社の必要性を明確にすることが出発点となる。

②　投資環境の調査

　戦略を決定した後は，当該国や地域の立地条件，労働条件，需給関係，外資規制などの一般的な投資環境についての情報を集め，分析を行う。

③　プロジェクトチームの結成

　上記のようなプロセスを経て，プロジェクトを進める判断となった際は，社内の関連部署（事業部門，法務，財務，人事等）のメンバーでプロジェクトチームを結成し，さらなる検討を進める。

④　現地パートナーの選定

　合弁会社のパートナー企業の選定と並行して，外部専門家（法律事務所，会計事務所等）の選定を行う。

⑤　レターオブインテント締結

　現地パートナーとの間でさらに具体的な検討を進めることに合意した場合，これまでの合意事項，今後の検討プロセス等を記載したレターオブインテントを締結する。

⑥　フィージビリティスタディ

　企業戦略，これまでの合意事項等を基に，合弁会社を設立し，合弁事業を展開していくことが可能かどうか，またこれによるリターンがあるかどうかを外部の専門家も交えて詳細に検討する。

⑦　計画書の策定

　フィージビリティスタディの結果を受け，事業推進スケジュール，会社形態，投資計画，事業計画，人員計画，事業収支計画などを含む計画書を策定する。

Article 1 Definitions

Following terms shall have the meaning designated below when referred under this Agreement

1.1 The "Company" shall mean the new corporation to be established by Pheasant and Eagle jointly pursuant to this Agreement in _____ under the laws of _____.

1.2 "Business Objectives" shall mean business purposes of the Company to be set forth in the Attachment B and also in the Articles of Incorporation of the Company.

1.3 "Effective Date" shall mean the date when all governmental or regulatory requirement to legally establish the Company under the applicable laws or regulations are cleared.

1.4 "Product" shall mean those products to be manufactured by the Company, of which specifications will be more closely defined in Attachment A.

1.5 "Territory" shall mean _____ as set forth in the Attachment C.

Article 2 Establishment of the Company

2.1 As soon as practically possible after the execution of this Agreement, the Company shall be established by Pheasant and Eagle at _____. The trade name of the Company shall be _____. All expenses to be incurred related to establishing, such as commercial registrations, registration or taxes, filing fees, or professional service fees associated with the establishment of the Company, shall be borne by the Company.

2.2 The Articles of Incorporation of the Company shall clearly states that the main business objectives of the Company shall be to manufacture and sell Product within the Territory.

2.3 The Company shall have an initial authorized capital of _____ shares of Common Stock. At the time of establishment, the Company shall issue _____ shares at a price of _____.

⑧ 合弁契約交渉・締結

　これまでの合意事項，調査結果を踏まえ，合弁契約書案を作成し，交渉を経た後，最終的な合弁契約書を締結する。

　この後は，合弁契約書に基づく合弁会社の設立手続を経て，設立された合弁会社の運営を行っていく。なお，合弁会社設立に際しては，それぞれの当事者と合弁会社間で販売契約，供給契約，技術援助契約などの契約の作成と締結も必要となってくる。

［1.2条］　事業目的

　事業目的は，合弁会社の活動範囲を示すものであるが，11条の協業避止義務の範囲とも少なからず関連するところである。具体的な事業目的については付属書Bに記載する形態を取っているが，本書では付属書Bについては掲載を省略している。

［1.4条］　対象製品

　対象製品の特定も合弁会社の活動範囲と深く関係しており，また11条の協業避止義務の範囲と密接に関連している。具体的な対象製品については付属書Aに記載する形態を取っているが，本書では付属書Aについては掲載を省略している。

［1.5条］　活動領域

　活動領域については具体的な国や地域を指定する。これについては，付属書Cに記載する形態を取っているが，本書では付属書Cについては掲載を省略している。

［2.1条］　合弁会社の所在地，社名

　設立される合弁会社の所在地，社名を指定している。また，一連の登記，登録のために必要となる費用については，専門家報酬も含めて当該合弁会社の負担とすることが記載されている。

［2.3条］　授権資本等

　発行可能株式総数，設立当初の発行株式数と一株当たりの金額を記載している。

Article 3 Capital Contribution of Pheasant and Eagle

3.1 Both Pheasant and Eagle shall initially subscribe for shares to be issued in accordance with 2.3 as follows:

Initial Subscription by Pheasant: _____ shares

Initial Subscription by Eagle: _____ shares

3.2 Pheasant and Eagle shall have pre-emptive rights on additional capital contribution to the Company. Therefore, unless otherwise agreed upon by both parties hereto, the contribution ratio shall be the same as the ratio of initial capital contribution made by Pheasant and Eagle. In case either party does not exercise its pre-emptive rights on new shares, the other party shall have the pre-emptive rights to such shares not subscribed by the party which did not exercise its pre-emptive rights.

3.3 Pheasant and Eagle hereby expressly agree that neither party shall sell, assign, pledge or transfer any of the shares of the Company owned by each party respectively without the prior approval of the Board of Directors of the Company.

Article 4 Shareholders' Meetings

4.1 Board of Directors of the Company shall convene annual ordinary general shareholders meeting of the Company at the principal office of the Company within ____ days after its closing of the fiscal year of the Company. Notice of such annual general shareholders meeting shall be made either by letters or e-mail to shareholders ____ days prior to the date of the meeting and such notice shall describe in detail the contents of reporting matters and/or proposition necessary for obtaining approval from shareholders.

4.2 Pheasant and Eagle shall exercise any of its voting rights as shareholders of the Company, including but not limited to, as to

(i) Appointing or discharging any of the Directors of the Board or Statutory Auditors of the Company,

(ii) Approving remunerations of each Director,

(iii) Approving financial statements of each fiscal year and dispositions of

第4章 さまざまな契約書式 *125*

［3条］ 各当事者の資本拠出

　各当事者がそれぞれ何株を引き受けるかを記載している。株式の持株比率は，この後に述べる株主総会や取締役会での意思決定，さらには利益分配に通常リンクする。言い換えれば合弁会社の支配権・経営権を決する重要な項目である。

　通常，3分の2以上の持株比率，議決権比率を握れば，特別決議の場合でも自己の主張を通すことができ，51％以上なら通常決議の場合，自己の主張を通すことができる。50％以下の場合は，デッドロックが生じた場合の対応策を契約書に盛り込んで置くことがとりわけ重要となる。

［3.2条］ 新株引受権

　合弁会社における支配権・経営権の希釈化防止策として，各当事者に新株引受権が認められており，これによって新株発行があっても，それぞれの当事者の持株比率が維持できるようになっている。

［3.3条］ 株式譲渡制限

　合弁会社は，参加当事者の信頼関係を基礎としているので，自由に株主が変わってしまうと，本来期待していた提携の成果が得られないことになりかねない。したがって，合弁契約書には，通常，本例のような株式譲渡制限の規定を設けることになる。この場合，企業の再編などの結果，企業グループ間（親会社，子会社，関連会社）で行われる株式の譲渡については，例外的に認める規定を置くこともある。

　一方で，事業関係の変化，参加当事者の戦略の変更などの理由によって，合弁事業から撤退したいという場合もあろう。こういった場合に備えて，他の当事者優先買取権を与えるなど，いくつかのオプションが考えられる。

［4条］ 株主総会の決議事項

　株主総会の議決権の比率は，通常，持株比率に応じることになる。決議事項としてどのような事項を規定するかと合わせて，それぞれの決議要件をどのように設計するかも重要となる。合弁会社を設立する国や地域の法律で株主総会決議が求められるものについては株主総会決議を経ることが要求されるが，それ以外にどういった事項を株主総会の決議事項として加えるかが重要となる。

profit, and

(iv) Resolving matters which empower any provisions of this Agreement.

Article 5 Board of Directors of the Company

5.1 During the term commencing from the completion of the incorporation of the Company until the conclusion of first general shareholders' meeting of the Company, the Company shall have the ＿＿ Directors, ＿＿ shall be designated by Pheasant and ＿＿ shall be designated by Eagle. All Directors shall be elected by the shareholders' meeting of the Company. Tenures of each director after the first ordinary general shareholders' meeting shall be until the conclusion of the next ordinary general shareholders' meeting from his/her assumption of the office of the Director of the Company. In case of death, resignation or removals of directors, Pheasant and Eagle shall agree to appoint a new director nominated by the party who had nominated such dead, resigned or removed director.

5.2 The Company shall have ＿＿ statutory auditors. Pheasant and Eagle can nominate ＿＿ and ＿＿ statutory auditors respectively and such statutory auditors shall be elected by the shareholders' meetings of the Company. Tenure of each statutory auditors shall be in comply with the requirement of applicable local laws.

5.3 Both Pheasant and Eagle shall agree upon the CEO of the Company as from the directors.

5.4 The Company shall hold Board of Directors' Meeting at least every three month of each fiscal year of the Company.

5.5 Each of the Directors and Statutory Auditors of the Company shall be given timely written notice (including e-mail transmission) of the time, date, venue of the board meeting no later than one (1) week prior to the date of the meeting. Notice shall set forth agenda for the meetings and propositions which need board resolutions. Unless otherwise provided by the applicable laws or Articles of Incorporation of the Company, resolution of the Board of Directors Meeting shall be made by the affirmative vote of more than 50% percent of

また，それと合わせて，それぞれの項目について，単なる通常決議（過半数決議）とするか，特別決議（3分の2）とするか，あるいは全員一致とするかなどのバリエーションも検討する必要がある。全員一致とされることが少ない項目としては，以下のような事項がある。

－合弁契約の変更

－合弁契約書に定めのない新株式の発行

－合弁会社の資産譲渡

さらに，特に重要な事項については，全株主の事前同意（協議）がないと株主総会に付議できないこととする場合もある。

[5条]　取締役会の構成

取締役会の取締役の構成比（それぞれの当事者が何名の取締役を送り込むか）や議決権の比率は，通常，持株比率に応じることになる。解任についても，それぞれの取締役を指名した株主のみが解任を行えると定めることもある。これについても，株主総会の場合と同様に，取締役会の決議事項としてどのような事項を規定するかと合わせて，それぞれの決議要件をどのように設計するかが重要となる。

また，それと合わせて，それぞれの項目について，単なる通常決議（過半数決議）とするか，特別決議（3分の2）とするか，あるいは全員一致とするかなどのバリエーションも検討する必要がある（本例では，5.5条によって，通常決議を原則としている）。

さらに，特に重要な事項については，全株主の事前同意（協議）がないと取締役会に付議できないこととする場合もある。取締役会議長に，賛否同数の場合の決定投票権（casting vote）を持たせるなど，権限を与える場合もある。取締役会以外に，運営委員会（steering committee）などの会議体を設け，実務レベルの決定事項を担わせたり，緊急に協議すべき事項の決定を担わせたりすることもある。

[5.2条]　監査役

本例では，監査役についてもそれぞれの当事者の持株比率に応じて選任する

the Directors present at the Board of Directors' Meeting.

Article 6 Accounting, Books and Records

6.1 The Accounting Period of the Company shall commence on January 1 and end on December 31 of the same year.

6.2 The Company shall keep true and accurate books of financial, accounting and any other related records in compliance with generally applicable accounting practices, rules or regulations in _____. Within 10 days after the closing of each month, the Company shall submit to Pheasant and Eagle an unaudited balance sheet and profit/loss statements of each month. Balance Sheet and profit/loss statement of each quarter shall be reported to Pheasant and Eagle within 10 days after the closing of each quarter, and also be reported at the Board of Directors' Meeting of the Company. At the end of each fiscal year of the Company, the accounting books and records shall be audited, at the expense of the Company, by an independent certified public accountant firm with international reputation which is competent and capable of auditing the books of the Company. Such independent firm shall prepare certified audit report.

Article 7 Business Plan

Immediately after the execution of this Agreement, Pheasant and Eagle shall mutually agree upon the business plan of the Company. The business plan shall include revenue prospects of revenues, expenses, income and development of the business for manufacturing and selling Product within the Territory. The draft business plan shall be made by Pheasant for approval of Eagle and both parties shall reach an agreement on this business plan no later than 60 days prior to the beginning of each fiscal year.

Article 8 Representations and Warranties

At the execution of this Agreements, each hereby represents and warrants to the other party that:

(i) each party has the full corporate right, power and authority to enter into this Agreement

こととしている。

[5.5条] 最高経営責任者

本例では，最高経営責任者（CEO）を取締役の中から両当事者で選任することとなっている。CEOを一定期間／任期ごとのローテーションにより交互に選任する場合や，どちらの当事者が選任するかについてあらかじめ定めておくような場合もある。

こういった場合，CEOの選任を行わない方の当事者が取締役会議長を選任するなどでバランスを取ることもある。以下は，CEOを一方当事者が選任する場合の例である。

> The Chief Executive Officer or such other position as shall constitute the most senior executive position of the Company (the "Chief Executive Officer") shall be as designated by Acme Inc.

CEOについての具体的な責務を記載することもある。また，CEO以外にも最高執行責任者（COO）やその他の役員についての選任や責務を記載することもある。

[6.1条] 会計年度

本例では合弁会社の会計年度を1月1日から12月31までとしている。

[6.2条] 会計帳簿

適正な会計帳簿の作成とその保管は，合弁会社の運営をチェックする上で欠かせないものである。ここでは，会計帳簿の作成基準，作成時期とそれぞれの当事者への提出時期，さらには，監査法人の監査を受けるべきことが規定されている。さらに，以下の例のように，それぞれの当事者に会計帳簿類の検査権を付与する場合もある。

> At all times after the incorporation of the Company, each party shall have the right by its duly authorized representative or accountant to inspect and have full access to all properties, books of account, records and the like of the Company, and the Company shall furnish to the requesting party all information concerning the same

(ii) actions required to perform or execution of this Agreement or performance of any obligations hereunder shall not violate any applicable laws or regulations or any agreement to which each party is bound,

(iii) neither party is aware of any legal action or proceeding pending which seeks injunctions of this Agreement or prevent either party from performing obligations hereunder

Article 9 Duration

This Agreement shall come into force as of Effective Date and continue for an indefinite duration, unless this Agreement shall be terminated in accordance with the conditions below.

Article 10 Dissolution and Liquidation

10.1 The Company will be dissolved and its assets liquidated in the event of any of the following:

a. a unanimous vote by the parties to dissolve the Company;

b. If the Company is constantly unable to repay its debts for the period of ___ days; or

c. If the Company has losses in the audited financial statements for ___ consecutive years exceeding the amount of ___ in accumulation loss.

10.2 On dissolution, the Company will be liquidated promptly and within a reasonable time. On the liquidation of the Company assets, distribution of any amounts to parties will be made in proportion to their respective capital contribution ration or as otherwise may be agreed in writing.

Article 11 Non-Competition

During the term of this Agreement and one year after any termination of this Agreement regardless of whether this Agreement is terminated by Pheasant or Eagle, Eagle agrees that it shall not directly or indirectly enter into in any other business which involves in the manufacture, development, marketing or distribution of any types of products which are similar to Product within the Territory.

第4章　さまざまな契約書式　*131*

> which the requesting party may reasonably require in connection with a complete examination thereof, and the requesting party shall have the right to inspect and make copies from the books and records of the Company at all reasonable times.

［7条］事業計画

　事業計画は，合弁会社が業務を推進する上で欠かせないものである。合弁会社の業績の伸び悩みや参加当事者間での経営上の対立などの問題は，参加当事者間でのコミュニケーション不足によるお互いのベクトルのずれに起因することが多い。

　事業計画の策定は，参加当事者間のベクトル合わせという意味でも重要なものである。本例では，各年の会計年度が始まる60日前までに事業計画を両当事者で策定するものとしている。

　さらに実務レベルでのコミュニケーションを図るために，運営委員会，あるいはそれぞれの当事者のマーケティングや営業などの部門間などでの定期的なミーティングを規定することも少なくない。また，本例では，事業計画に記載すべきことの概要を示しているが，さらに詳細に事業計画に盛り込むべき項目を定めたり，また策定に至るまでのプロセスを詳しく定めたりすることも少なくない。

［8条］　表明と保証

　合弁契約についての締結権，契約上の義務の履行ができることなどについての表明と保証を行う。

［9条］　期間

　合弁契約は，このように無期限と設定されることが少なくない。もっとも，資源開発などのプロジェクトや不動産開発などの投資事業に関する合弁契約，カントリーリスクの高い国での合弁契約，定期的に見直しをすべき合弁契約などについては期限を設定することもある。

［10条］　解散と清算

　合弁会社が当初の予想に反し業績が振るわない場合，合弁会社に関する当事

Article 12 Confidential Information

During the term of this agreement and 5 years after termination or expiration of this Agreement, each party shall keep strictly confidential and shall not disclose, publish or otherwise dispose of any confidential information of the other party which was disclosed by or received pursuant to this Agreement or by reason of the performance of the other party of its obligations hereunder or its activities relating to the Company. Upon the termination of this Agreement, each party shall either destroy or return to the other all memoranda, notes records, reports or any other documents relating to the confidential information.

Article 13 Dispute Resolution

All controversies or differences which may arise between the parties in connection with this Agreement or any breach of this Agreement shall be amicably settled though good faith negotiation between the both parties hereto. However, should such negotiation fail to reach a settlement within 6 months, both parties agree to settle such dispute by binding arbitration in accordance with the arbitration rules of International Chamber of Commerce. The venue of the arbitration shall be at _____.

Article 14 Governing Law

This Agreement shall be governed and construed in accordance with the laws of _____.

IN WITNESS WHEREOF, each of the parties hereto has caused this Agreement to be executed by their authorized representatives in English and in duplicate.

Pheasant Co. Ltd.,   Eagle Corporation

_____   _____

者の考えが折り合わなくなった場合など合弁事業を解消する必要性が生じてくる。本事例では両当事者が全員一致で合意する場合と合わせて，一定の客観的な事由によって解散ができることとしている。

また，いずれかの当事者だけが合弁事業から撤退し，もう一方の当事者が事業を継続するという事態を想定し，撤退当事者の株式の譲渡に関する条件，手続や売買価格の算定について詳細な規定を設けることも少なくない。

一方，当事者のみが合弁事業から離脱する場合，合弁契約の終結と合わせて，合弁会社と離脱する当事者との間の販売契約，供給契約，技術援助契約を継続するか否か，継続する場合，条件の変更を行うか否かなどの検討も必要となる。

［11条］　競業避止

合弁会社の事業を円滑に推進するために，契約当事者が合弁会社と競業する業務を一定の範囲で禁止するのが一般的である。もっとも，こういった制限が過度に広範なものとなると，独占禁止法の観点から問題となることがあるので，注意が必要である。

株式売買契約（Share Purchase Agreement）

　企業買収の手法は，株式譲渡と事業譲渡に大別される。後者が対象会社の特定の資産を譲り受けるのに対して，前者は株式を取得することによって会社自体を取得するものである。ここでは，そのうち株式譲渡の際に締結される株式売買契約を取り上げる。

　株式譲渡契約の下，買主は対象会社の資産も債務もすべて引き継ぐことになるので，予想に反した債務が存在した時に備えて，保証条項をはじめとする買主の保護条項を設けることが重要となる。

SHARE PURCHASE AGREEMENT

THIS SHARE PURCHASE AGREEMENT (this "Agreement") made and entered into as of the _____, 2017 by and between Cerasus, Ltd., a company organized and existing under the laws of Japan, having its principal place of business at _____ ("Purchaser") and Rose, Inc., a company organized and existing under laws of the _____, having its principal place of business at _____ ("Seller"),

WITNESSETH:

WHEREAS, Seller owns all of the issued and outstanding shares of XYZ Computer, Inc., a company organized and existing under laws of the State of New York, having its principal place of business at _____ (the "Company"); and

WHEREAS, Purchaser desires to purchase, and Seller desires to sell, the Shares on the terms and conditions set forth below.

NOW, THEREFORE, in consideration of the premises and the mutual covenants and agreements contained herein, it is hereby agreed upon by and between parties as follows:

第4章　さまざまな契約書式　*135*

［株式売買契約締結までのプロセス］

① 企業戦略の構築

M&Aを進める前提には，例えば，新たなマーケットへの参入の必要性，販売網・シェアの拡大，ブランド獲得などさまざまなものが考えらえる。こういった課題を解決するための企業戦略，その中でのM&Aの必要性を明確にすることが出発点となる。

② 投資環境の調査

戦略を決定した後は，当該国や地域の立地条件，労働条件，需給関係，外資規制などの一般的な投資環境についての情報を集め，分析を行う。

③ プロジェクトチームの結成

上記のようなプロセスを経て，プロジェクトを進める判断となった際は，社内の関連部署（事業部門，法務，財務，人事等）のメンバーでプロジェクトチームを結成し，さらなる検討を進める。

④ 対象会社の選定等

買収の対象となる会社の選定と並行して，外部専門家（法律事務所，会計事務所等）の選定を行う。

⑤ レター・オブ・インテント（Letter of Intent）締結

対象会社の株主との間でさらに具体的な検討を進めることに合意した場合，これまでの合意事項，デュー・ディリジェンスの実施，今後の検討プロセス等を記載したレター・オブ・インテントを締結する。

⑥ デュー・ディリジェンス（Due Diligence）

対象企業について，外部専門家の関与の下，事業，法務，財務，環境などの分野について精査を実施する。ここで収集する情報は，買収の当否，対価や買収方法などについての判断材料となることはもとより，買収後の経営を行う上での基礎資料ともなる。

⑦ 株式売買契約交渉・締結

これまでの合意事項，デュー・ディリジェンスの結果を踏まえ，株式売買契約書案を作成し，交渉を経た後，最終的な株式売買契約書を締結する。

Article 1   DEFINITIONS

1.1 "Closing" means the consummation of the purchase and sale of the Shares provided for in this Agreement.

1.2 "Shares" mean all of the issued and outstanding share of the Company's common stock, \$_____ par value per share.

Article 2   SALES AND PURCHASE OF THE SHARES

2.1 Sales of Shares: Subject to the terms and conditions set forth in this Agreement, upon the Closing as provided in Article 6, Seller shall sell to Purchaser and Purchaser shall purchase the Shares, including all rights and obligations attached thereto, in particular, but not limited to all rights to receive dividends and profits not yet distributed.

2.2 Price: The total purchase price payable by Purchaser for the Shares (the "Purchase Price") shall be US \$_____.

2.3 Payment Method: The payment of the Purchase Price shall be made by bank wire or electronic funds transfer to an account designated by Seller pursuant to written payment instructions provided by Seller.

Article 3   REPRESENTATIONS AND WARRANTIES

3.1 Representations and Warranties of Seller: Except as set forth in Exhibit I, Seller hereby represents and warrants to Purchaser that:

(i) Seller is a corporation duly organized, validly existing and in good standing under the laws of the State of New York;

(ii) Seller has full power and capacity to enter into and perform this Agreement, and this Agreement constitutes valid and binding obligation of Seller enforceable in accordance with the terms and conditions hereof;

(iii) The Company is a corporation duly organized, validly existing and in good standing under the laws of the State of New York;

(iv) The Shares are validly issued and outstanding, fully paid and non-assessable;

(v) Seller is the sole, true, and lawful owner of 100% of Shares, and has full legal power to sell and transfer the Shares and has good and marketable title

⑧　クロージング（Closing）

　株式売買契約に記載された先行条件が成就すれば，株券の引渡，対価の支払，役員の改選人等が行われ，経営権が買主に移転する。

［2条］　株式の売買

　クロージング日に株式を売却する旨，その際の株式の対価および支払方法が記載されている。株式の対価の算定には，対象会社の純資産を基にする純資産方式，対象会社のキャッシュフローを基に行う収益方式，対象会社と規模の企業買収の例との比較を基にする比較方式などがあるが，これらの算定方法は，それぞれ一長一短があり，会社の属する業界の特質や経済環境，財務内容や収益性，売手の性格や株主構成などによって，適切な算定方法を採用する必要がある。

　また，一つの算定方法だけに頼るのではなく，複数の算定方法によって総合的に判断することも大切である。支払方法については，本例では一括支払としているが，一部をクロージング後一定期間経過後に支払うこととし，その際に最終的な価格調整を行うなどの方法が取られることもある。

［3.1条］　売主の表明と保証

　売主の表明と保証は，買主にとって，売主の誓約条項，売主による補償などとともに最も重要な条項である。株式売買契約締結前に実施するデュー・ディリジェンスともあいまって，買収に潜む隠れたリスクを低くし，またリスクが顕在化した場合の損害賠償請求を可能とするものである。

　本例では，売主が適法な会社であること，売主が本契約を締結し履行する能力を有していること，対象会社が適法に存在していること，　株式の払込みがすべて完了しており，売主がそれらの株式を所有していること，財務諸表に記載された内容に誤りがないこと，特定の資産を保有していること，適法に申告・納税を行っていること，環境汚染がないこと，重要な訴訟等がないことについて表明と保証を行っているが，この他にも特定の知的財産権を保有していること，特定の取引（契約）が有効に存在していること，特定の保険が有効に存在していること，特定の雇用契約が有効に存在していることなどについても

thereto, free and clear of all liens, encumbrances, restrictions, conditions, and covenants of any kind;

(vi) The balance sheet and income statement attached and incorporated by this reference as Exhibit II (the "Financial Statements), have been prepared in accordance with generally accepted accounting principles in the US, applied on a consistent basis with those of prior periods, and are true and accurate statements of the financial condition of the Company as of _____, 2017, and the period then ended;

(vii) Exhibit III contains a complete and correct list of all real estate, business premises and sites owned and/or leased by the Company;

(viii) The Company has duly and properly filed all tax returns required by any jurisdiction to which it is subject, and has paid all taxes which have become due and payable;

(ix) There is no material contamination of soil and/or ground water and/or air by any toxic and/or hazardous substances on the business premises owned and/or leased by the Company; and

(x) There are no material suits or proceedings against the Company pending or threatened in any court or before any regulatory commission board or other governmental or administrative agency.

3.2 Representations and Warranties of Purchaser: Purchaser hereby represents and warrants to Seller that:

(i) Purchaser is a corporation duly organized, validly existing and in good standing under the laws of Japan; and

(ii) Purchaser has full power and capacity to enter into and perform this Agreement, and this Agreement constitutes valid and binding obligation of Purchaser enforceable in accordance with the terms and provisions hereof.

3.3 Representations and Warranties at Closing: All of the representations and warranties set forth in this Article 3 shall continue to be true and correct at the time of the Closing with the same effect as though then made.

Article 4　COVENANTS OF SELLER

Between the date of this Agreement and the Closing, unless Purchaser has

保証項目に加えることがある。

　また，前記の表明・保証を担保する書類として，定款，財務諸表，登記簿，その他参考となるべき書類の写しを付属書として契約書に添付することが一般的である。前記の表明・保証のうち，資産，知的財産権，取引（契約），保険等の表明・保証については，主要なものを一覧表にして付属書として契約書に添付することが一般的である。

　逆に，すでにいくつかの訴訟が係属中であるなどによって，売主として当該項目について問題が存在しないことの表明・保証ができない場合については，それらを一覧表にして付属書として契約書に添付し，例外的に保証の対象から除外することになる。

［3.2条］　買主の表明と保証

　買主側は，買主が適法な会社であること，買主が本契約を締結し履行する能力を有していることを表明・保証するのが一般的である。

［3.3条］　クロージング時における表明と保証

　3.1条，3.2条の表明と保証は，それぞれ本株式売買契約締結時を基準とするものであるが，本条はそれをさらにクロージング時点でも変動ないことを担保するものである。

［4条］　売主の誓約条項

　買主としては，対象会社の売却が決まったとしても，売主に手を抜かずこれまでと同じように対象会社の事業を適正に継続してもらわないと困る。売主の誓約事項では，売主がこれまでどおり適正に対象会社の経営を行い，会社の資産価値を毀損するような行為をしないことを誓約させることになる。

　会社の資産価値を毀損するような行為の具体例としては以下のようなものがあり，これらを付属書に記載することになる。

- 株主への配当禁止
- 対象会社の役員・従業員への特別ボーナス等の禁止
- 新たに特別な取引契約を締結する，また既存の重要な契約を解約することの禁止

given its prior written consent, Seller shall:

(i) cause the Company to conduct its business in all aspects only in the ordinary course of business; and

(ii) not cause the Company to conduct certain transactions set forth in Exhibit IV.

Article 5   CONDITIONS PRECEDENT TO CLOSING

5.1 Conditions Precedent to Obligations of Purchaser: The obligations of Purchaser under this Agreement shall be subject to the fulfillment of all of the following conditions:

(i) Each of the representations and warranties by Seller set forth in Article 3.1 shall be true and correct on and as of the Closing; and

(ii) All covenants of Seller set forth in Article 4 shall have been fully completed and performed in all material respects.

5.2 Conditions Precedent to Obligations of Seller: The obligations of Seller under this Agreement shall be subject to the fulfillment of the following condition:

Each of the representations and warranties by Buyer set forth in Article 3.2 shall be true and correct on and as o the Closing.

5.3 Other Conditions Precedent: The obligations of Purchaser and Seller under this Agreement shall be also subject to the fulfillment of the following condition:

Relevant anti-trust authorities have approved sale of Shares.

Article 6   CLOSING

6.1 Date and Place: The Closing shall take place in _____, on _____, 2017, at _____, at the office of _____, or on such other date or places as the parties may agree in writing.

6.2 Actions to be taken at Closing:

6.2.1 Seller shall deliver to Purchaser:

(i) the certificates for the Shares to be sold to Purchaser at the Closing; and

(ii) the documents referred to in Exhibit V.

第 4 章　さまざまな契約書式　*141*

- 新たに担保等を設定することの禁止
- 新たに多額の借財や新規投資を行うことの禁止

また，事業の適正な継続については，以下のようなより具体的な事項を併記することも少なくない。

- 事業の向上について最大限の努力を行うこと
- 継続して必要な保険を維持すること
- 適法に税の申告・納税を行うこと
- 法律上必要となる取締役会，株主総会等の承認を得ること　等

［5条］　クロージングの先行条件

本例ではクロージングの先行条件として，表明と保証の内容がクロージング時点においても真実であること，誓約条項が遵守されていること，関連国の独占禁止法についてのクリアランスが得られることを挙げている。

この他には，法律上必要となる取締役会，株主総会等の承認，譲渡や移転についての第三者（担保権者等）からの同意の取得，主要な雇用契約の継続などを，必要に応じて加えることになる。

［6条］　クロージング

クロージング日に株式の引渡，対価の支払を定められた場所で行う旨記載されている。さらに，現地の法令で権利移転のための手続（公証付き権利移転証書の作成，登記等）を行う必要がある場合は，こういった手続についても記載することになる。クロージング日あるいはその直後に，株主総会を開催し，役員の解選任等を行うことになる。

また，契約書に価格調整についての規定を設けている場合は，改めて会社の資産等について，監査を行う必要がある。さらに，必要に応じて，定款，内部規定の変更，雇用契約の見直し，会計年度の変更，経理システムの見直し等を行うことになる。

［7条］　補償

前記の表明や保証，誓約条項に違反があり，これによって買主が損害賠償等を受けた場合，買主は売主に損害の補償を請求することになる。また，将来的

At the Closing, Buyer shall submit to Seller:

(i) a certificate by a bank to the effect that Seller has transferred the Purchase Price to the account designated by Seller; and

(ii) the documents referred to in Exhibit VI.

Article 7   INDEMNITY

7.1 Indemnity: In the event of any breach or non-fulfillment by Seller of any obligation of Seller under this Agreement, in particular of the representations and warranties made pursuant to Article 3, Seller shall indemnify Purchaser against all actions, claims, losses, damages and liabilities.

7.2 Amount: The aggregate liability of Seller under this Agreement shall not exceed US $_____.

7.3 Time: All claims of the Purchaser on the indemnification set forth in Article 7.1 shall be made within _____ years after the Closing.

Article 8   NON-COMPETITION

For a period of _____ years after the Closing, Seller shall not, directly nor indirectly, compete with the current business of the Company or, establish or purchase any business which competes with the current business of the Company.

Article 9   CONFIDENTIALITY AND PRESS RELEASE

9.1 Confidentiality: Each party agrees that (except as may be required by law) it will not disclose or use, and it will cause its officers, directors, employees, representatives, agents, and advisers not to disclose or use any confidential information received from the other party in connection with the transaction contemplated by this Agreement. If the transaction hereunder is not consummated, each party will promptly return to the other party all documents, contracts, records or properties received from the other party in connection therewith.

9.2 Release: Neither party hereto will issue any press release or make any other public announcement relating to the transactions contemplated by this

に第三者から賠償請求を受けそうな場合も，売主は買主の責任を免除し，売主の費用と責任で第三者との紛争を解決する旨の規定を設けることもある。補償は，売主としては，できるだけ制限を加えたいところである。

　本例では，補償額の上限と補償期間を設定している。その他の制限としては以下のような制限を設けることもある。

　－損害賠償の対象になるものを制限する（対象にならないものを明記する）
　－補償の足切り額を設ける
　－補償を求めるための手続を複雑にする

　逆に，買主としては，売主の売り逃げを許さないために，できるだけこういった制限を課されないように交渉する必要がある。

Agreement without the prior written consent of the other party hereto.

Article 10   TERMINATION

10.1 This Agreement may be terminated:

(i) by mutual written consent of Seller and Purchaser;

(ii) by Purchaser, if any of the conditions set forth in Article 5.1 shall not have been fulfilled on or prior to the date specified for fulfillment thereof, or shall have become incapable of fulfillment;

(iii) by Seller, if any of the conditions set forth in Article 5.2 shall not have been fulfilled on or prior to the date specified for fulfillment thereof, or shall have become incapable of fulfillment; or

(iv) by Purchaser or Seller, if any of the conditions set forth in Article 5.3 shall not have been fulfilled on or prior to the date specified for fulfillment thereof, or shall have become incapable of fulfillment.

Article 11   GENERAL PROVISIONS

11.1 Costs and Expenses: Each party shall be responsible for and shall pay its own costs and expenses, including attorneys' fees and accountants' fees and expenses incurred in connection with the negotiation, preparation and execution of this Agreement and performance of their obligations hereunder.

11.2 Governing Law: This Agreement shall be governed and construed by the law of the State of New York without reference to principles of conflicts of law.

IN WITNESS WHEREOF, the parties hereto have executed this Agreement as of the date first above written.

Cerasus, Ltd.,   Rose, Inc.

_____   _____

第 4 章　さまざまな契約書式　　*145*

5　変更契約（Amendment Agreement）

　変更契約は，締結済の契約に関して条項追加や一部修正など，内容を変更する必要が生じたときに，変更内容を確認するために作成される。契約書のタイトルは，Amendment Agreement, Amendment, Amendment No. X to XYZ Agreement, Supplementary Agreement といったタイトルで作成される。

　このサンプルは，変更箇所を含めて変更後の単語や条文あるいは変更後の添付文書を記載して確認するという方法である。変更事項だけを確認することは，単純な変更箇所だけであればわかりやすいが，変更箇所が多岐にわたっている場合には，変更前の契約書をみながら変更事項を判断するという煩雑さを伴う。そこで変更後の内容で新たな契約書を作成してしまう方法があるが，これでは変更後の内容で新たな契約を締結したことにもなり，契約の継続性が失われる。

Amendment Agreement

This Amendment Agreement is made and entered into this ＿＿day of ＿＿, 2018 (this "Amendment") by and between DEF US Inc., a company duly organized and existing under the laws of the State of New York, having its office at ＿＿, New York, U.S.A. (hereinafter referred to as "DEF") and ABC Japan Corporation, a company duly organized and existing under the laws of Japan, having its office at ＿＿ Tokyo, Japan (hereinafter referred to as "ABC") in relation to the Distributorship Agreement made between DEF and ABC dated November 1, 2014 (hereinafter referred to as the "Original Agreement").

WHEREIN, it is hereby agreed as follows:

1.　The parties hereto agree to amend the certain provisions of the Original Agreement, as hereinafter set forth:
(i)　Article X of the Original Agreement is hereby all deleted and Article X

第4章　さまざまな契約書式　　*147*

［前文］

　本契約では whereas clause はないが，下記のような whereas 条項を設ける
こともある。

> WHEREAS, the parties wish to amend the Agreement mainly for the Purpose of
> adding certain products to be licensed or sold under the Agreement.

［1条］　変更内容

　この変更契約では6つの変更事項が合意されているが，変更内容に応じて最
適な条項を使い分けて記載する。

(ⅰ)　原契約 X 条が全て削除され，Exhibit A に記載した条文 X に取り替え
　　　られる。Exhibit を使用せずそのまま記載することも可能（ⅱになる）。

(ⅱ)　契約 X 条が全て削除され，以下に記載した条文 X に取り替えられる。

(ⅲ)　原契約 X 条 Z 行目の Y が削除され，AA が挿入される。ここでは
　　　delete Y and AA are inserted という表現でつくられているが，replace
　　　Y with AA とする表現も可能である。

(ⅳ)　原契約 Appendix 1が削除され，Exhibit B に添付した新しい Appendix
　　　1に取り替えられる。

(ⅴ)　Article X, Paragraph Y は記載した内容に読み替えられる。

(ⅵ)　4.3条の後に記載した内容の新しい4.4条が挿入される。

　契約を変更し，条項が削除されたり追加されたりした場合，原契約の条項番
号を変更する必要があるが，このような場合に以下の文例のようにそれ以降の
条項の番号を変更することを規定することもある。なお，存続条項における条
文の引用などで修正が必要になる可能性があるので，削除後はそのまま条文な
しの空白とする場合もある。

> Article 7 shall be added (or deleted) and the subsequent Articles shall be
> renumbered (or read as renumbered) accordingly.

　取引先の会社名が変更されたり，合併等により会社組織そのものが変更され

specified in Exhibit A attached hereto is substituted.

(ii)   Article X of the Original Agreement is hereby all deleted and Article X specified below is substituted:

_____

(iii)   Article X of the Original Agreement is hereby amended by deleting the words "Y" in line Z and the words "AA" are inserted.

(iv)   The Appendix 1 to the Original Agreement is all deleted and Exhibit B attached hereto is substituted as the Appendix 1.

(v)   Article X, Paragraph Y is changed to read:

_____

(vi)   Following new Article is added to Article 4.3 as new article 4.4:

_____

2.   This Amendment shall become effective as of the day and year first above written.

3.   Unless specifically amended herein, the terms and conditions of the Original Agreement shall remain unchanged and still effective during the effective period of the Original Agreement.

4.   If there is any conflict between this Amendment and the Original Agreement, the terms of this Amendment will prevail.

5.   This Amendment contains the entire agreement and understanding among the parties hereto with respect to the subject matter of this Amendment, and supersedes all prior and contemporaneous agreements, understandings, inducements and conditions, express or implied, oral or written, of any nature whatsoever with respect to the subject matter of this Amendment.

IN WITNESS WHEREOF, each party hereto has caused these presents to be duly signed by its lawful representative as of ___. day of _____, 2018.

(Exhibits will be added starting from the next page)

DEF US Inc.   ABC Japan Corporation

_____   _____

ているような場合，契約当事者の部分に以下のような文言を追加して，変更後の当事者との間でその事実を確認するという方法もある。

Formerly known as ABC Company (or officially succeeded ABC Company)

　変更事項が多かったり，また何度も変更を繰り返してきたような場合，まとめて変更後の契約内容を全部確認するとか，変更をすべて採りいれた新たな契約を締結するという方法も考えられる。この場合，原契約との継続性を担保するため，「Amended and Restated Agreement」というタイトルで契約を締結することもある。原契約の規定のすべてに取って代わる（supersede）ことの確認が必要である。

［2条］　効力開始日

　変更内容の確認だけでなく，いつから変更についての効力を持たせるか明確にすることである。継続的な取引の場合，例えば商品価格の変更など，変更内容の適用がいつからなされるか重要な問題である。

［3条］　原契約効力

　変更されていない契約条項の取り扱いについて確認する。原契約の条項が依然として変更後も適用するというのであれば，その旨を確認しておく必要がある。契約のなかには，一部が変更されたことにより他の部分も終了すると考えられるようなものもあるので，誤解などを避けるために有効に存続する原契約の内容を確認しておいた方が良い。

　この変更契約では，準拠法など一般条項などを規定していない。これは変更対象となった契約の各条項（変更前）をそのまま生かすことにより，わざわざ改めて規定する必要はないという理由であるが，規定する場合もある。多く見られるのが，準拠法条項，紛争解決条項，変更条項などである。

［4条］　原契約との相違

　変更契約と原契約との相違が生じた場合，どちらが優先するかを規定する。ここでは原契約が優先するとしている。

過去の修正契約が複数ある場合の条項例：
If there is conflict between this Amendment and the Original Agreement or any earlier Amendments, the terms of this Amendment will prevail.

6　契約解約合意書（Termination Agreement）

　Termination Agreementは，効力ある契約を解約・解除する場合に作成される。契約解約時点で何らかの債権債務関係があるため，この処理をどうするか，当事者が知らない債権債務が見つかった場合にどう処理するのかを取り決めておくことが必要である。

TERMINATION AGREEMENT

This Termination Agreement (this "Agreement") is made and entered into this ___ day of ___, 2018 (this "Amendment") by and between DEF US Inc., a company duly organized and existing under the laws of the State of New York, having its office at ___, New York, U.S.A. (hereinafter referred to as "DEF") and ABC Japan Corporation, a company duly organized and existing under the laws of Japan, having its office at ___ Tokyo, Japan (hereinafter referred to as "ABC") in relation to the Distributorship Agreement made between DEF and ABC dated November 1, 2014 (hereinafter referred to as the "Original Agreement").

WHEREAS, the Parties have agreed to terminate the Original Agreement.

NOW, THEREFORE, in consideration of the terms and conditions set forth in this Agreement, the Parties hereby agree to terminate the Original Agreement and release each other from their respective obligations under the Original Agreement in accordance with the following terms and conditions.

1. TERMINATION.
The Parties hereby agree to terminate the Original Agreement as of the date of this Agreement (the "Termination Effective Date").

2. SURVIVAL.
This Agreement shall be subject to survival of those terms expressly

第4章　さまざまな契約書式　　*151*

［約因文言］

　NOW THEREFORE から始まる約因文言では，契約解約合意と契約上の義務からの免除されること（release）を記載している。通常のシンプルな約因文言にすることも全く問題なく，さらに細かく記載することも可能である。

シンプルな約因文言の条項例：
NOW, THEREFORE, in consideration of the terms and conditions set forth in this Agreement, the Parties hereby agree as follows.
相互の約因があることを記載する条項例（英米法においては，約因の価値がたとえ不釣り合いであっても当事者が合意すれば問題ない。これによって「$1を支払う」と言った約因文言を規定する場合がある）：
NOW, THEREFORE, in consideration of the terms and conditions set forth in this Agreement and other good and valuable consideration, the receipt and sufficiency of which is hereby acknowledged, the Parties hereby agree to terminate the Original Agreement and release each other from their respective obligations under the Original Agreement in accordance with the following terms and conditions.

［1条］　解約合意

　第1条では，両当事者が原契約を解約効力発生日に解約することに合意したことを確認する。解約効力発生日は解約契約日としているが，特定日にすることも可能である。

特定日を規定する場合の条項例：
ABEX and ZEAL hereby agree to terminate the Original Agreement on ＿＿＿ (the "Termination Effective Date").

　解除は，日本法では最初から存在しなかったのと同じ状態にするものであり，解約は賃貸借契約のように契約当初から消滅させることは不可能なので将来に向かって契約を消滅させるものとされる。英文契約書では，terminate, cancel, expire などが使用されているが，当然のこととして日本の法律概念とは同一ではない。

　expiration は期限満了時に使用され，解除は cancel，解約は terminate とし

identified as survival clause in the Original Agreement.

3. RELEASE.

3.1 Effective upon the Termination Effective Date, each Party releases and forever discharges the other Party and all of its shareholders, employees, agents, successors, assigns, legal representatives, affiliates, directors and officers from and against any and all actions, claims, suits, demands, payment obligations or other obligations or liabilities of any nature whatsoever, whether known or unknown, which such Party or any of its shareholders, employees, agents, successors, assigns, legal representatives, affiliates, directors or officers have had, now have or may in the future have arising out of (or in connection with) the Original Agreement (collectively, "Claims").

3.2 Each of the Parties hereto acknowledges that it may discover facts or incur or suffer Claims that were unknown or unsuspected at the time this Agreement was executed, and which if known by it at that time may have materially affected its decision to execute this Agreement. Each of the Parties hereto acknowledges and agrees that by reason of this Agreement, and its release set forth above, it is assuming any risk of such unknown facts and such unknown and unsuspected claims.

4. MUTUAL REPRESENTATIONS AND WARRANTIES.

Each of the Parties represents and warrants as follows:

(a) It has read this Agreement and understands the contents hereof and has made such an investigation of the facts pertinent to this Agreement;

(b) No Claims have been assigned, granted or transferred in any manner to any person; and

(c) It has been represented by legal counsel of its own choice throughout all negotiations which preceded the execution of this document and has executed this document with the advice of such legal counsel.

5. GENERAL PROVISIONS.

5.1 Further Assurances.

Each Party shall take such further action as may reasonably be requested by

て説明される。一方の当事者の契約違反による場合，契約を cancel でき，それ以外の終了事由には terminate を使用するとしている説明もあるが，実際はかなり混同して使用されている。

解約合意の規定例（原契約に効力がなくなることを規定する）
Original Agreement is terminated effective from the Termination Effective Date regardless of Section 4.2 of the Existing Agreement. Accordingly, Original Agreement shall be of no further force and effect thereafter.

［2条］　存続条項

　第2条では，原契約解約に伴っても原契約に定める存続条項がそのまま継続，存続することを確認している。そもそも，原契約において存続条項が規定されている場合，原契約解約になっても影響を受けずに引き続き有効であるが，念のため規定する。

原契約における存続条項例（比較）：
In the event that this Agreement is terminated for any reason, Articles 4 and 5 shall survive the termination of this Agreement, and the Parties shall continue to be bound by the terms thereof.

［3.1条］　免責

　第3条では，原契約解約に伴って双方が原契約から発生することのある請求権一切を放棄している。しかし，解約効力発生日に原契約に基づくすべての支払いが終わっていない場合がある。例えば，原契約に基づく支払代金の支払義務が残っている場合や瑕疵担保責任期間が残っている場合である。こういった条件を考慮してドラフトしなければならない。

　また，免責する相手として，ここでは契約当事者，株主，社員，代理人，承継人，譲渡人，法的代理人，関連会社，取締役，役員としているが，どの範囲まで免責すべきか注意して作成すべきである。

the other Party in order to facilitate the implementation and performance of this Agreement.

5.2 Entire Agreement.

This Agreement is the entire agreement between the Parties regarding the subject matter contained herein. It supersedes all prior proposals, agreements, or other communications between the Parties, oral or written, regarding the subject matter contained herein.

5.3 Confidentiality.

Neither Party shall disclose the existence of this Agreement nor the terms hereof without the prior approval of the other Party, nor publish or release any press release, promotional materials or other public statement regarding or referencing the other Party except: (i) as may be required by law, regulation, or court order, or rules or regulations of any securities exchange; (ii) in case of confidential disclosures on a need to know basis to employees, consultants, counsel, accountants, investors or other professional advisers of the Party and its affiliates; or (iii) in connection with required tax and accounting disclosures.

5.4 Applicable Law.

This Agreement shall be interpreted, construed and enforced in all respects in accordance with the laws of ___.

5.5 Venue.

Each Party irrevocably consents to the jurisdiction of the courts of ___, in connection with any action to enforce the provisions of this Agreement.

IN WITNESS WHEREOF, the Parties hereto have executed this Agreement as of the date first above written.

DEF US Inc.   ABC Japan Corporation

_____   _____

> 原契約に基づく売買代金支払債務を原契約に基づき支払う条項例（比較）：
>
> Notwithstanding the termination of the Original Agreement, this release will not affect the payment obligation of the Distributor to the Manufacturer in the amount of Japanese Yen 8,300,000, the unpaid balance of the purchase price of the Products purchased by the Distributor. Such payment shall be made in accordance with the Original Agreement.
>
> 原契約に基づく瑕疵担保責任が引き続き残る条項例（比較）：
>
> Notwithstanding the termination of the Original Agreement, this release will not affect the obligation under the Manufacturer's warranty obligation as defined in the Original Agreement.

[3.2条]　契約解約後に発生する可能性のある債権

　3.2条では，契約解約後に発生することのある，契約締結時には判明していなかった債権があったとしてもリスクをとって相手方に一切請求しない条件で免責している。

[4条]　表明と保証

　両当事者は，本契約締結にあたって以下の表明と保証を行っている。

(a)　本契約の条件を理解し，本契約締結に記載，関連する事実について調査したこと。

(b)　原契約から発生することのある請求権がないこと。

(c)　本契約を締結するにあたって弁護士といった法律顧問にアドバイスを受けたこと。

[5条]　一般条項 における注意点

　原契約において一般条項があったとしても，解約契約は変更契約でないので，改めて一般条項を設けることが多い。なお，5.1条では，契約解約後に必要となる追加的事項ならびに合理的に要求される事項を行うことを定めている。例えば，ライセンス契約において，商標登録が認められていた場合にその登録を解除するといった場合である。

7 コンサルティング契約（Consulting Agreement）

コンサルティング契約は，ある特定の分野に詳しい業者（コンサルタント）から専門的な助言を受けたいと思う者が，助言を受けるために結ぶ契約である。

CONSULTING AGREEMENT

This Consulting Agreement (this "Agreement") is made on this __ day of __, 2017 by and between ABC Japan Corporation, a corporation duly formed and existing under the laws of Japan and having its head office at _____, Japan and having its principal office at _____, (the "Company") and DEF US Inc., a corporation duly formed and existing under the laws of the State of New York (the "Consultant")

RECITALS:

WHEREAS, the Company has agreed to engage the Consultant and its affiliates, successors and assigns, as appropriate to act as its exclusive financial consultant with respect to the Company's proposed Acquisition (as defined below) in [the xxx business of XYZ Ltd] (the "Target Business"); and

WHEREAS, the Consultant has agreed to render advised to the Company on and subject to the terms and conditions of this Agreement.

NOW THEREFORE, in consideration of the mutual covenants contained herein, the parties hereto agree as follows:

1. Consulting Services
1.1 The Consultant shall, when appropriate and when requested:
(a) undertake, in consultation with members of management, a comprehensive business and financial analysis of the Target Business, including, upon further request, a transaction feasibility study and pricing analyses;
(b) assist the Company in developing a strategy to effectuate the Acquisition,

第4章　さまざまな契約書式　*157*

［コンサルティング契約の性質］

　一般にコンサルティング契約は準委任と考えられ，成果が求められる請負とは区別される。

　ここでは ABC Japan Corporation（依頼主）が XYZ Ltd のある事業部門（Target Business）を買収するにあたり，DEF US Inc.（コンサルタント）の助言を求めることを想定している。このような場合，DEF US Inc. はあくまでも Target Business の経済的な価値や買収のためのビジネス的な戦略，手順の助言を行うことが求められていることになる。決して Target Business の買収を完了させることを請け負っているわけではない。

［コンサルティングの内容について］

　コンサルティングの内容は，助言を求める者の期待に応じて定まる。実際のビジネスの局面に応じて，日常業務の効率化といったことから経営や財務の改善，あるいは M&A といったことまで多種多様なものがコンサルティングの対象となる。

　コンサルティング契約を締結する際には，どのような助言が期待されているのか，当事者間で認識を共通にしておく必要がある。認識に齟齬があると，期待していた助言が得られなかった，あるいは助言に要した労力に対して十分な報酬が得られなかったといったことが起こりうる。

［コンサルティングと法規制］

　コンサルティングの内容によっては，特定の業法により規制されることがあるので注意が必要である。例えば，法的な助言は弁護士しかできないなど，弁護士や会計士，税理士などしか扱えない業務などを行うことがないようにしなければならない。

　また，資金調達などについてそのストラクチャリング（仕組みの組成）を助言することは一般に可能であるが，具体的な投資家を募るなどすると貸金の媒介や金融商品（有価証券など）の募集にあたると考えられ，貸金業法や金融商品取引法などで規制されることになる。

　法律により取り扱いが規制されている分野については，それぞれの分野で免

including financing alternatives;

(c) assist the Company, upon further request, in structuring and negotiating the Acquisition;

(d) be available at the Company's request to meet with its Board of Directors to discuss the proposed Acquisition and its financial implications.

1.2 In connection with the Consultant's engagement, the Company shall furnish the Consultant with all information concerning the Company and, to the extent available to the Company, the Target Business which the Consultant reasonably deems appropriate and shall provide the Consultant with access to the officers, directors, employees, accountants, counsel and other representatives (collectively, the "Representatives") of the Company and, as practicable, the Target Business, it being understood that the Consultant will rely solely upon such information supplied by the Company, the Target Business and their respective Representatives without assuming any responsibility for independent investigation or verification thereof.

1.3 In addition, the Company agrees to promptly advise the Consultant of any material event or change in the business, affairs, condition (financial or otherwise) or prospects of the Company or, to the knowledge of the Company, the Target Business that occurs during the term of the Consultant's engagement hereunder.

2. Fees and Expenses

2.1 As compensation for the Consultant's services hereunder, the Company agrees to pay the Consultant as follows:

(1) a financial Advisory fee equal to $_____, payable upon execution of this agreement (the "Financial Advisory Fee").

(2) a transaction fee equal to ___% of the Aggregate Consideration (as defined below) in connection with the Acquisition (the "Transaction Fee").

The compensation pursuant to Clause (2) above shall be payable by the Company to the Consultant upon each closing of a merger, asset acquisition or other form of acquisition or investment transaction with respect to the Target Business.

許や登録がある専門家に助言を求め，業務を取り扱わせることになる。

　必要に応じて，これらの専門家をどのように使うのかということをコンサルティングの内容に含めておくようにしなければならない。

［1.1条(d)］　取締役への説明

　例えば，大きな M&A や多額の資金調達のストラクチャリングなど，事案の重要度に応じて，コンサルタントが依頼主の取締役（会）に説明を行うことがコンサルティングの内容とされることがある。これは依頼主の経営者が重要な経営判断をするにあたり，外部の専門家の助言を適切に得たということを確保するためである。

［1.3条］　依頼主からの情報提供

　コンサルティングを行うにあたって，コンサルタントは，コンサルティングの内容に関連して依頼主が保有している必要な情報のすべての提供を求めることになる。

　例えば，依頼主の日常業務の改善への助言が求められている場合に，依頼主において日常業務がどのように処理されているのかがわからなければ，適切な助言を行うことができない。また，M&A などに際しては依頼主と買収対象とのシナジーを検討するために，コンサルタントは依頼主の事業に関する情報を知る必要がある。

　助言をより適切なものとするために，コンサルタントは必要に応じて依頼主の役員や従業員，会計士，弁護士などに面談をすることができる旨も規定される。

　コンサルタントは依頼主から提供された情報は正しいものとして取り扱って良いものとされる。

［2条］　手数料

　コンサルティング契約では手数料の定め方は重要な関心事となる。ケースバイケースであるが，コンサルティングに投入された人の数と時間によって定める方法，同じような助言に対してマーケットの相場観による方法などが考えられる（例文では「Financial Advisory Fee」）。

2.2 For purposes of this Agreement;

(a) "Acquisition" shall include, without limitation, any investment in or acquisition (whether in one or a series of transactions) of all or a substantial amount of the capital stock, assets or other interests of the Target Business by the Company or its affiliates, regardless of the form any such investment or acquisition takes; and

(b) the term "Aggregate Consideration" shall mean the total fair market value (on the date of payment) of all consideration (including cash, securities, property, all debt remaining on the Target Business's financial statements and other indebtedness and obligations assumed by the Company and any other form of consideration) paid or payable, or otherwise to be distributed, directly or indirectly, to the selling entity and its security holders in connection with the Acquisition.

2.3 In addition, the Company agrees to periodically reimburse the Consultant for all expenses, including the fees and expenses of its legal counsel, if any, and any other Consultant retained by the Consultant (it being understood that the retention of any such Consultant, other than legal counsel, will be made with the prior approval of the Company), resulting from or arising out of this Agreement.

2.4 All fees and expenses payable hereunder are net of all applicable withholding and similar taxes.

3. Confidentiality

3.1 All non-public information concerning the Company or the Target Business which is given to the Consultant shall be used solely in the course of the performance of its services hereunder and shall be treated confidentially by the Consultant for so long as it remains non-public. Except as otherwise required by applicable law or judicial or regulatory process, the Consultant shall not disclose this information to a third party without the Company's consent.

3.2 No advice rendered by the Consultant, whether formal or informal, may

M&Aなどでは，コンサルティングの対象となった取引の価値に応じて手数料が定められることもある。実務では「成功報酬」などということもあるが，成功を請け負っているわけではないので，依頼主が受けたメリットに応じてコンサルティングに価値があったとして定められる手数料と考えられる（「取引手数料」。例文では「Transaction Fee」）。

コンサルティングの対象となった取引の価値に応じた手数料が払われる際，その中に基本的な手数料を含む取り扱いをすることがある。そのような場合，次のような文言を加える。

> [The Financial Advisory Fee will be fully creditable (to the extent paid) against the Transaction Fee;]

［2.1条］「取引手数料」の定め方

コンサルティングの対象となった取引の価値に応じた手数料（「取引手数料」）が払われる場合，その金額は大きなものとなることが多い。どのような場合に，どのような基準で取引手数料が支払われるのかを，あらかじめ正確に定めておく必要がある。実務ではこの取り決めに時間がかかることも多い。

例えば，M&Aにおいて，当初は企業全体を買収する予定であったところ，ある事業部門の営業だけの譲受に方針が変わった場合を考える。対象企業の株式の取得だけを「取引手数料」の算定の基準としていると，営業譲受ではコンサルタントが「取引手数料」を受け取れないということも起こりかねず，紛議の元となる。

このような場合，一見すると依頼主としては「取引手数料」を払わなくて良いので有利なように思える。しかしコンサルタントが，依頼主の利益に反して取引手数料を受け取れるような取引に誘導する恐れもあるので，適切な手数料の定めをすることが必要である。

あらかじめすべてを定めておくことができれば良いが，状況の変化に応じて変更契約などを締結することもある。

be disclosed, in whole or in part, or summarized, excerpted from or otherwise referred to without its prior written consent. In addition, the Consultant may not be otherwise referred to without its written consent.

4. Indemnity

4.1 In the event that the Consultant or any of its affiliates, the respective directors, officers, partners, agents or employees of the Consultant or any of its affiliates, or any other person controlling the Consultant or any of its affiliates (collectively, "Indemnified Persons") becomes involved in any capacity in any action, claim, suit, investigation or proceeding, actual or threatened, brought by or against any person, including stockholders of the Company, in connection with or as a result of this Agreement or any matter referred to in this Agreement, the Company shall reimburse such Indemnified Person for its reasonable and customary legal and other expenses (including without limitation the costs and expenses incurred in connection with investigating, preparing for and responding to third party subpoenas or enforcing the engagement) incurred in connection therewith as such expenses are incurred.

4.2 The Company shall also indemnify and hold harmless any Indemnified Person from and against, and the Company agrees that no Indemnified Person shall have any liability to the Company or its owners, parents, affiliates, security holders or creditors for, any losses, claims, damages or liabilities (including actions or proceedings in respect thereof) (collectively, "Losses") (A) related to or arising out of (i) the Company's actions or failures to act (including statements or omissions made or information provided by the Company or its agents) or (ii) actions or failures to act by an Indemnified Person with the Company's consent or in reliance on the Company's actions or failures to act or (B) otherwise related to or arising out of this Agreement or the Consultant's performance thereof.

5. Limitation of the Consultant's Liability

To the extent permitted by applicable law, the Consultant shall not be responsible for amounts which in the aggregate are in excess of the amount of all fees actually received by the Consultant from the Company in connection

［2.3条］　諸費用

　コンサルタントが受け取る手数料の他に，コンサルタントが支出する諸費用の取り扱いについて定める必要がある。具体的にはコンサルタントが支出する交通費などから，コンサルティングのために利用した弁護士や会計士などの費用までさまざまなものがある。コンサルタントの手数料の中から支出するのか，手数料とは別に支払われるのか，支出に際して依頼主の事前の承認が不要か，上限はいくらかなどを話し合いにより定めることになる。

［3.1条］　守秘義務

　コンサルティング契約では依頼主の経営や事業に関する重要な情報が開示されることが通例であり，一般の契約以上に守秘義務の条項の意味は大きなものとなる。特に，依頼主が上場企業などの場合，依頼主の経営に関する重要な情報の管理は適切に行われなければならず注意が必要である。

［3.2条］　コンサルティングの不開示など

　コンサルタントにおいて第三者との関わりが生じないよう，コンサルティングが行われている事実も守秘義務の対象とされることがある。また，内容が不適切に解釈されないようコンサルティングの内容の要約なども制限される。

［4条］　損失補償

　コンサルティング契約では損失補償の条項が特に重要である。コンサルタントがコンサルティングに関連して第三者から訴訟などを提起されたときに，防御のために必要な弁護士費用などを依頼主が負担するというものがある。

　コンサルタントはあくまでも専門分野についての知見を元に依頼主に助言を行っているだけであり，その助言に従って行動するか否かは依頼主の責任と判断である。

　ところが第三者からは，依頼主とコンサルタントが一緒になって，あるいはコンサルタントが依頼主を「唆して」，第三者に損害を与えたとも見えなくはない。そこで第三者がコンサルタントに訴えを提起することも起こりうる（特に，依頼主に賠償を負担する経済力がなく，コンサルタントにはそれが期待できる場合にそのようなことが生じる）。

with this Agreement.

6. Termination

The Consultant's engagement hereunder may be terminated at any time, with or without cause, by either the Consultant or the Company upon [ten] days' prior written notice thereof to the other party; *provided, however*, that in the event of any termination of the Consultant's engagement hereunder, the Consultant will continue to be entitled to its full Transaction Fee provided for herein in the event that at any time prior to the expiration of [two] years after any such termination the Company consummates, or enters into an agreement providing for, an Acquisition; and *provided, further*, that no termination of the Consultant's engagement hereunder shall affect the Company's obligation to pay the Financial Advisory Fee, other fees and expenses to the extent provided for herein, and to indemnify the Consultant and certain related persons and entities as provided in "4. Indemnity" referred to above.

7. No Agency

In connection with this Agreement, the Consultant is acting as an independent contractor and not in any other capacity, with duties owing solely to the Company.

8. Miscellaneous Clauses

1) Assignment

The parties to this Agreement shall not assign whole or in part, its respective duties or obligations under this Agreement without the prior written consent of the other party.

2) Entire Agreement

This Agreement contains the entire agreement between the parties with respect to the subject matter hereof and supersedes all prior agreements, understandings and representations.

3) Waiver

The failure, delay or omission of either party to perform any right or remedy provided in this Agreement shall not be a waiver.

第4章　さまざまな契約書式　*165*

　第三者には依頼主の株主が含まれる。これは助言が不適切であったらから会社の価値が毀損したなどと主張し，株主がコンサルタントを訴えてくることに備えたものである。株主代表訴訟などに巻き込まれることも考えられる。

　このような場合にコンサルタントも適切に防御ができるように弁護士費用などの補償を定める条項である。

　その他，依頼主の作為不作為に基づくこと（これには依頼主の情報開示や必要な情報の不開示も含まれる）や依頼主の同意を得て行ったことなどについては，コンサルタントは責任を負わず，損害が生じた場合には補償を受けることとされる。

［5条］　責任の制限

　上記のような損失補償の条項があったとしても，コンサルタントはその債務不履行の責任は負う必要がある。このような責任の範囲を一定の限度に制限する条項が定められることが多い。

　コンサルティングに基いてビジネスを行ったことに伴うリスクは，あくまでも依頼主のビジネスに内在するものである。依頼主はそのビジネスで損をすることもあるかもしれないが，同時に利益を上げる可能性も有している。

　ところが，コンサルタントは助言の内容により依頼主が利益を上げたとしても，その分配を受けることはない（「取引手数料」があったとしても利益との比較では小さなものである）。そのような状況で依頼主の損害だけは負担しなければならないというのは公平ではない。

　したがって，コンサルタントの責任は一定の範囲（例えば最大で手数料の範囲など）に抑えられることになる（複数年にわたる継続的なコンサルティング契約などでは，一年分の手数料の範囲などとされることもある）。

［6条］　解約条項

　コンサルティングは相互の信頼に基づいて行われるので，理由の有無に関わらず依頼主，コンサルタントのどちらからでも即座に（10日の通知などで）解約できるのが通例である。

　ここで注意をしなければならないのは，コンサルティングの対象となった取

4) Applicable Law and Venue

This Agreement shall be governed by [ ] law. Each of the parties under this Agreement agrees that the [ ] courts shall have non-exclusive jurisdiction in relation to any dispute arising out of or in respect of this Agreement.

5) Notice

Any notice required or permitted to be given under this Agreement shall be in writing and shall be deemed to have been given upon personal delivery or mailing to the address hereinabove.

6) Counterparts

This Agreement may be executed in any number of counterparts, each of which when executed shall constitute an original, but all of which when taken together shall constitute one and the same agreement.

IN WITNESS WHEREOF, the Company and the Consultant have executed these presents on the day and year first above written.

ABC Japan Corporation   DEF US Inc.

_____   _____

引の価値に応じた手数料（「取引手数料」。その金額は大きなものとなることが多い）が定められている場合の取り扱いである。

　コンサルティング契約をいつでも理由なく解約できることを良いことに，依頼主が，取引手数料支払いの条件が成就する直前に依頼主が契約を解約したり，あるいは契約が円満に終了して「ほとぼりが冷めた」後でコンサルティングの内容にしたがって成果を上げたりすることも考えられなくはない。

　このような状況を避けるために，契約が解約された後も一定期間はコンサルタントが「取引手数料」を受け取ることができるようにする規定が置かれる。この期間は案件の内容に応じて話し合いで決められる。

　解約はコンサルティングの内容が不十分なもので依頼主が別のコンサルタントに乗り換えざるを得ない場合にも起こりうるので（この場合はクオリティの低いコンサルタントが，後に採用された優秀なコンサルタントの成果で取引手数料を受け取ることになる），この点についての交渉が長引くこともある。

［8条］　一般条項

　一般条項も記載する。

業務委託契約 (Service Agreement)

Service Agreementは，一定の業務を委託する業務委託契約である。コンサルティング契約や下請契約も同じ種類である。日本法では請負契約に分類される契約でも業務委託契約と称される。納入物があるか（請負）あるいは単なる業務処理か（委任，準委任）を明記することが必要である。

SERVICE AGREEMENT

This Services Agreement ("Agreement") is entered into as of _____ (the "Effective Date") between Principal K.K., a company organized and existing under the laws of Japan with its principal place of business at _____ ("Principal") and Subcontractor Inc. a company organized and existing under the laws of _____ with its principal place of business at _____ ("Subcontractor").

WHEREAS, Principal desires to retain Subcontractor to perform certain services; and

WHEREAS, Subcontractor desires to perform certain services for Principal as an independent contractor to Principal.

NOW, THEREFORE, in consideration of the mutual covenants and promises set forth below, the parties agree as follows:

1. DEFINITIONS.

"Deliverables" means, with respect to each Work Order, the items specified in such Work Order as deliverables of the Subcontractor to be delivered to Principal.

"Services" means the services under a Work Order which Subcontractor shall provide to Principal as subcontractor to Principal and which are described in any Work Order issued pursuant to this Agreement.

"Work Order" means each document agreed upon by Principal and

第4章　さまざまな契約書式　　*169*

［基本契約性］

　業務委託契約は，単独契約として個別に業務を委託する契約として作成される。しかし，本契約は Service Agreement を基本契約としてまず作成し，業務を発注するにあたっての諸条件を取り決め，個々の取引については，Exhibit A のテンプレートを使って作成する個別契約である Work Order を 1 回あるいは複数回取り交わすベースとなっている。Work Order では個別案件における発注内容，成果物（Deliverables），納期，価格などを取り決める。

［国際契約］

　本契約では，発注者が日本法人，受注者が外国法人となっている。

［受託者］

　本契約では，Subcontractor と定義しているが，Service Agent や Consultant とされることもある。日本法では，業務委託契約は典型契約における「請負」，「委任」あるいは「準委任」に分類され，発生する契約リスクが異なる（報酬，債務不履行責任，解除）。

［納入物］

　本契約では，Deliverables が作成され，引き渡される。他の表現として Work Products がある。Deliverables は，Subcontractor が Principal に納入する完成品であるため，何らかの事情で契約が解除され，中途の仕掛品があった場合，Principal はその仕掛品に対する権利はない。これらを含めてデザイン，レポートを総合して Work Products と称し，Deliverables とは別の定義をすることも可能である。納入物が作成される場合，納入物の著作権を Principal あるいは Subcontractor のどちらが持つかということが重要となる。

　納入物が作成されない単なる事務処理を行う場合もある。

［個別発注契約］

　個別発注契約は，Exhibit A のフォーマットに従って作成される。なお，substantially in the form と規定されており，Exhibit A のフォーマットと全く同じである必要はないが大幅な条件変更はできない。このドラフトを使用した場合，substantially によってどの程度変更が可能であるかといった疑問を相

Subcontractor that further specifies Services to be performed and the Deliverables to be provided to Principal. Each Work Order shall be issued substantially in the form described in Exhibit A, shall be executed by both parties, and shall be deemed incorporated herein in its entirety by reference.

2. TERM.

This Agreement will commence on the Effective Date and will continue in effect for a period of five (5) years or for the period of any incomplete Work Order in existence on the expiration date.

3. DUTIES OF SUBCONTRACTOR.

Subcontractor shall provide the Services and deliver the Deliverables to Principal in accordance with the terms and conditions of this Agreement and any Work Order. Subcontractor shall: (i) keep Principal advised of the progress of the delivery of the Services and the Deliverables; (ii) perform the Services in a timely manner and provide the Deliverables in accordance with each Work Order; and (iii) abide by all applicable laws and regulations. Subcontractor shall not further subcontract any duties and responsibilities under this Agreement to any other person or entity, in whole or in part, without prior written notice to and approval by Principal.

4. CHANGES TO A WORK ORDER.

Principal may at any time by written notice make changes the scope of any Work Order. Subcontractor shall corporate with Principal to change Work Order.

5. ACCEPTANCE AND PAYMENT.

Upon acceptance of the Services and the Deliverables, Principal shall pay the service fee defined in accordance with the Work Order for the Services and the Deliverables. Such payments shall be Subcontractor's sole compensation, including all expenses subject that acceptance of the Services and the Deliverables described in each Work Order have met the completion criteria specified in the Work Order.

第4章　さまざまな契約書式　*171*

手方から示される可能性があるため，substantially を削除することもできるが，この場合，Exhibit A に添付するフォーマットのみでの個別発注契約（ただし，ブランクは埋めることは可能）が締結されることになる。

［3条］　Subcontractor の義務

本契約では，再下請が禁止される。

> Subcontractor の義務追加文言規定
> Work Order に伴った正確な記録を保持し，発注者の要請に伴ってその証拠を提出する義務を規定している。
> (iv) keep accurate records of work performed on each Work Order, evidence of which Subcontractor shall provide to Principal upon Principal's request.

［4条］　Work Order 変更

Principal はいつでも Work Order を変更できるとしているが，これは Principal に取って都合が良すぎると言えるので，修正要求される可能性が高い。Subcontractor は変更に協力するとだけあるが，追加コストや納期の大幅な変更など受け入れがたい場合も想定される。

> Work Order 変更における詳細規定例
> Should any change to a Work Order be likely to result in a change to the time or cost of performance of the Work Order, Subcontractor shall notify Principal as soon as possible that there will be an impact to the Work Order cost or schedule and describe such impact, and any changes in the performance, schedule or price of the Work Order will be subject to mutual agreement.

［5条］　検収および支払

Principal は検収を行い，検収合格を条件に支払うことにしている。これは Principal にとっては都合が良いが，Subcontractor には厳しい。

> 費用に旅費が含まれることを明確にする規定例
> Such payments shall be Subcontractor's sole compensation, including but not limited to, all expenses including travel expenses.

6. CONFIDENTIALITY.

Subcontractor shall keep confidential all information related to this Agreement. The obligations of confidentiality shall not apply to information which (a) is the public domain except as the result of Subcontractor's breach; (b) was already rightfully in Subcontractor's possession; or (c) obtained by Subcontractor on a non-confidential basis from a third party who has the right to disclose such information.

7. SUBCONTRACTOR'S REPRESENTATIONS AND WARRANTIES.

Subcontractor represents and warrants: (i) it shall maintain all licenses and approvals required by any government for performance of the work required by this Agreement or Work Order; (ii) it shall comply with all applicable laws and regulations, (iii) it shall use qualified individuals with suitable experience, skill and licenses to perform its obligations under this Agreement and Work Order; (iv) Services and the Deliverables meet the applicable specifications and requirements specified in each Work Order and this Agreement and are free from all defects in design, materials, workmanship, and title; and (v) it shall not infringe the intellectual property rights of the third parties.

8. OWNERSHIP AND LICENSE.

8.1 Subcontractor acknowledges and agrees that Subcontractor hereby assigns to Principal all intellectual property rights in and to the Services and the Deliverables as part of this Agreement and any Work Orders issued hereunder.

8.2 Subcontractor hereby waives any and all moral rights in the Services and the Deliverables that is or becomes the property of Principal under this Section.

9. INDEMNIFICATION; LIMITATION OF LIABILITY.

9.1 Subcontractor will indemnify, defend and hold Principal harmless, at Subcontractor's expense, against any third party claim, suit or proceeding resulting from or arising out of a claim that the use of the Deliverables hereunder constitutes an infringement of any patent, copyright, trademark or

第4章　さまざまな契約書式　　*173*

> 検収の条件を明確にする規定例
> Acceptance of the Services and Deliverables described in each Work Order shall occur on the date such Services and Deliverables have met the completion criteria specified in the Work Order to the satisfaction of Principal.
> Time & Material 条件で検収にかかわらず業務委託料を支払う規定例
> Principal agrees to pay Subcontractor for actual hours and expenses incurred as the consulting fees.

［7条］　Subcontractor の保証表明

保証と表明事項を列挙しているが，保証と表明が契約期間中継続することを明記することも可能である。この場合の表現は以下となる。

> Subcontractor represents and warrants thorough the term of this Agreement:
> 追加の保証表明事項（Subcontractor が契約当事者の他の契約に違反しないこと）
> Subcontractor's performance will not breach any agreement Subcontractor has with another party and there is no other contract or duty on Subcontractor's part now in existence that is inconsistent with this Agreement.
> 保証表明主体の追加（Subcontractor だけでなく，社員や代理人を追加）
> Subcontractor, its employees and authorized agent(s):
> 業務執行基準の追加
> Subcontractor will perform this Agreement and any Work Order in a manner consistent with industry standards applied to the performance of such work.
> 付保条件の追加
> Subcontractor warrants that it carries workers' compensation insurance and general liability insurance necessary to fulfill its obligations hereunder, and shall, upon request, furnish evidence thereof to Principal.

［8条］　成果物の帰属

本契約に基づき作成される成果物の著作権は発注者に移転する。また，受託者は moral rights（著作者人格権）を行使できない。なお，発注者に移転せず，発注者は成果物を使用することが許諾されると規定する場合の表現は以下のとおり：

other intellectual property rights of any third party. Subcontractor's obligation to indemnify Principal shall include an obligation to pay any costs, including attorney's fees.

9.2 Should any Deliverables become the subject of any infringement claim, Principal may select by making a written notice to Subcontractor either: (i) procure for Principal the right to continue using the Deliverables; or (ii) replace or modify the relevant Deliverables so that it becomes non-infringing while providing substantially equivalent functional performance.

9.3 This Article 9 states Subcontractor's entire liability, and Principal's sole and exclusive remedy for intellectual property rights claims relating to or arising out of the Deliverables.

9.4 EXCEPT FOR SUBCONTRACTOR'S INDEMNIFICATION OBLIGATIONS SET FORTH IN SECTION 9, IN NO EVENT WILL EITHER PARTY BE LIABLE FOR ANY LOSS OF PROFITS, BUSINESS INTERRUP-TION, LOSS OF DATA, COST OF COVER OR INDIRECT, SPECIAL, INCIDENTAL OR CONSEQUENTIAL DAMAGES OF ANY KIND IN CONNECTION WITH OR ARISING OUT OF THIS AGREEMENT.

10. TERMINATION.

10.1 Either Party to this Agreement may terminate this Agreement or any individual Work Order at any time, with or without cause, by giving thirty (30) days written notice to the other party. Subcontractor shall be obligated to deliver, and Principal will be obligated to pay Subcontractor for Services and the Deliverables actually performed or prepared by Subcontractor prior to the date of termination, and delivered to and accepted by Principal within a reasonable time after the effective date of termination.

10.2 Notwithstanding the foregoing, this Agreement and/or any Work Order hereunder may be terminated immediately by Principal in the event of (i) bankruptcy or (ii) a sale of all or substantially all of Subcontractor's assets, or transfer of a controlling interest in Subcontractor to an unaffiliated third party.

第4章　さまざまな契約書式　*175*

> Principal is licensed to (a) use the Deliverables internally for the sole purpose for which they were provided, on a perpetual, non-exclusive, non-transferable, without rights to sublicense, royalty-free, basis, and (b) make a reasonable number of copies of the Deliverables in amounts reasonably necessary for Principal's internal use. Other than as specifically provided herein, Principal may not modify, alter, or create derivative works from the Deliverables.

[9.3条]　知的財産権侵害への補償

　本条が Subcontractor による Principal への知的財産権侵害への唯一の補償（LOL）としているので他の請求はできなくなることに注意する。

[11条]　追加一般条項

　一般条項として下記を含めることができる。

①　許可取得　本契約を締結することにあたって許可が取得できていること。

> Subcontractor had obtained and maintain through the term of this Agreement all licenses, permits and approvals required by any applicable laws, regulatory, or other agency or authority for performance of the obligations under this Agreement.

②　不抵触条項　本契約を締結することによって第三者との契約違反にならないこと。

> No Conflict. Subcontractor's agreement to perform the Subcontracted Services will not violate any agreement or obligation between Subcontractor and any third parties.

③　非独占条項　本契約による関係が独占的でないこと。

> Non-Exclusive Relationship. This Subcontract Agreement is not exclusive.

④　発注義務不存在条項　本契約を締結したことをもっても発注者は受託者に業務を発注する義務が存在しないこと。

10.3 Sections 1, 7, 8, 9, 10, and 11 shall survive termination or expiration of this Agreement.

11. GENERAL.

11.1 Notices. All notices permitted or required under this Agreement shall be in writing and shall be delivered by express courier or by certified or registered express mail, and shall be deemed given to a party upon delivery or, in the case of mail, five (5) days after mailing to the party at the address set forth above.

11.2 Assignment. Neither this Agreement nor any rights under this Agreement (nor any Work Order hereunder), other than monies due or to become due, shall be assigned or otherwise transferred by Subcontractor (by operation of law or otherwise) without the prior written consent of Principal.

11.3 Independent Contractor. Principal and Subcontractor are independent contractors and have no power or authority to bind the other or to create any obligation on behalf of the other.

11.4 No Waiver. No waiver of rights under this Agreement or any Work Order hereunder by either party shall constitute a subsequent waiver of this or any other right under this Agreement or any Work Order.

11.5 Severability. In the event that any of the terms of this Agreement or any Work Order hereunder or the performance of any obligation by either party thereunder becomes or is declared to be illegal by any court of competent jurisdiction or other governmental body, such term(s) shall be null and void and shall be deemed deleted from this Agreement or the Work Order. All remaining terms of this Agreement or the Work Order shall remain in full force and effect.

11.6 Force Majeure. Neither party shall be liable for any delay or failure in performance due to acts of God, earthquake, flood, riots, fire, epidemics, war or terrorism. Each party shall immediately notify the other party of the occurrence of such an event affecting such party and shall use all reasonable

> No minimum commitment. Principal has no obligation to provide Subcontractor any minimum level of work or compensation under this Agreement.

［Work Order］

Work Order は，Service Agreement を基本契約とする個別契約である。その内容概略は下記のとおりである。

1条　サービスの記載

2条　納入物の内容と時期

3条　業務実施の場所（履行場所が発注者の事務所であれば派遣契約の偽装になりかねないため注意が必要である）

4条　業務期間

5条　検収と検査方法

6条　料金と支払方法（ここでは一定金額の Fixed Fee Base であるが，Time & Material Base という時間単位にすることも可能である。また税について記載する必要がある。）

efforts to recommence performance as soon as possible.

11.7 Entire Agreement. This Agreement, and all Work Orders expressly incorporated herein, are the complete agreement between the parties hereto concerning the subject matter of this Agreement and replace any prior oral or written communications (including invoices) between the parties.

11.8 Venue and Governing Law. The parties hereby consent to the exclusive jurisdiction of Tokyo District Court for resolution of any disputes arising out of this Agreement. This Agreement will be governed by the laws of Japan, without regard to conflict of law principles.

IN WITNESS WHEREOF, the duly authorized representatives of the parties hereto have caused this Agreement to be duly executed.

PRINCIPAL K.K.   SUBCONTRACTOR Inc.

By: _____   By: _____

Name: _____   Name: _____

Title: _____   Title: _____

Date: _____   Date: _____

Exhibit A

Work Order

This Work Order is made and entered into this ____ day of _____, 20___ ("Effective Date"), by and between Principal K.K. ("Principal") and _____ ("Subcontractor"). This Work Order is governed by and made part of the terms of the Professional Services Subcontractor Agreement ("Agreement") signed between Principal and Subcontractor dated as of _____.

1. Description of the Services:

[Details of the Services to be provided to Principal]

2. Deliverables.

The following items shall be delivered as the "Deliverables:

第4章　さまざまな契約書式　*179*

Deliverable　　Description of Deliverables　　　Due Date

3. LOCATION OF WORK.

Substantially all of the services shall be conducted by Subcontractor or such other location or locations as Principal shall reasonably request.

4. DURATION OF WORK/SCHEDULE.

Subcontractor Services under this Work Order shall commence on _____.

5. ACCEPTANCE AND TESTING PROCEDURES.

Subcontractor agrees that acceptance procedures and testing criteria shall be:

6. FEES AND PAYMENTS.

Fees under this Work Order shall be US $_____.　Payment shall be as follows: _____.

IN WITNESS WHEREOF, the duly authorized representatives of the parties hereto have caused this Work Order to be duly executed.

PRINCIPAL K.K.　　　　　　　　SUBCONTRACTOR Inc.

By: _____　　　By: _____

Name: _____　　Name: _____

Title: _____　　Title: _____

Date: _____　　Date: _____

9 労働契約（Employment Agreement）

　本契約書は，日本の労働関係法規（労働契約法，労働基準法等）の適用を前提として作成している。労働契約（雇用契約）は，国・地域によってさまざまな適用法規があり，海外で労働契約を締結する場合には，適用される現地の労働関係法規を確認し，これに沿った修正が必要である。

Employment Agreement

This Employment Agreement (hereinafter referred to as the "Agreement") is made by and between _____ (hereinafter referred to as the "Company") and _____ (hereinafter referred to as the "Employee").
The Company and the Employee hereby agree as follows:

Article 1. Term
1. The duration of the Employee's employment under this Agreement (hereinafter referred to as the "Term") shall commence on ___A___ and shall continue to and through ___B___ unless sooner terminated in accordance with the provisions hereinafter set forth.
2. The renewal of the Term may be determined through mutual agreement considering circumstances including, but not limited to, volume and progress of the work the Employee is engaged in at the time of expiration of the Term, the Company's business situation and prospects, the Employee's skills in handling the assigned work, work performance, attitude about work and health condition.
3. The Employee acknowledges that working conditions set down by the Company regarding the renewal of the Term may differ from the working conditions set forth hereunder.
4. The Employee acknowledges that there exists no contract of any form with the Company after the expiration of employment duration as specified in

［労働契約の方式］

　労働基準法15条は，労働契約の締結に際して，労働者に対して賃金，労働時間等の労働条件を書面で明示することを義務づけている。当該書面の雛形（労働条件通知書）は厚生労働省のホームページ等に掲載されており，同書面の下部に労働者側の「同意・承諾欄」を設けることで，契約書の形式にすることもある。

［1.1条］　契約期間

　労働契約期間は，労働契約における基本的事項であり，記載は必須である。労働基準法第14条では，契約期間の最長を原則3年に制限している。

［1.2条］　契約更新

　実務では，①労働契約法19条の雇止めに関するトラブル防止，②労働契約法18条の無期転換制度の適用を回避する目的で，契約当初から更新回数に上限を設ける場合がある。例えば，更新回数を3回を限度とする場合の条項例は下記のとおりとなる（1.3条に追加）。

> The renewal of the Term in accordance with the preceding paragraph shall not exceed three (3) times.

［1.3条］　契約更新時の労働条件変更

　賃金や労働時間（勤務シフト）等については，契約更新時に見直し・変更を行うことがある。かかる規定がなければ更新時の見直し・変更ができないというわけではないが，更新時に労働者側に不利な労働条件変更を行う場合の紛争回避の観点で，あらかじめ契約更新時の見直し・変更の根拠規定を設けておくのが適切である。

　賃金や労働時間等の個別の条項ごとに契約更新時の変更・見直しを規定する方法でもよい。

［2条］　就業場所

　労働者の就業場所を規定したうえで，会社（使用者）が必要に応じて他の場所での勤務を命じることができるものとした。

Article 1 in case the contract renewal is not mutually agreed.

Article 2. Place of Work

1. The Employee shall work at the Company's head office; provided, however, that the Company may locate the Employee at other places if need arises.

2. The Company's request on the place of work set forth in the preceding paragraph shall not be unreasonably denied by the Employee.

Article 3. Scope of Services

1. During the Term of this Agreement, the Employee shall render the following services for the Company.

a) ⋯

b) ⋯

*) ⋯

**) Other services related to the services set forth in subsection a) to *) above.

***) Other services reasonably required by the Company.

2. Notwithstanding the provisions of the preceding paragraph, the Company may change the services to be rendered by the Employee if need arises.

Article 4. Working Hours/Rest Period

1. The Employee's working hours and rest period shall be as follows:

Opening time: 9 a.m.

Closing time: 6 p.m.

Rest period: from 12 a.m. to 1 p.m. (one (1) hour)

2. Notwithstanding the provisions of the preceding paragraph, the Company may designate the opening time, closing time and rest period of the Employee forward or backward if need arises.

3. Working hours of the Employee shall be recorded and reported to the Company in accordance with procedures designated by the Company.

4. The Employee's late arrival and early leave shall be reported to and be approved by the Company in advance; provided, however, that the Employee may report such occurrences to the Company afterward without delay if there are unavoidable circumstances.

転居を伴う就業場所の変更（配転）を命じるにあたっては，紛争となる可能性があり，適用法規や判例，採用の経緯・趣旨（勤務地限定の合意の有無等）による制限がないかを事前に確認する必要がある。実務的には，事前面談を行い，労働者側の同意を確認した上で配転を実施することも多い。

[3.1条]　担当業務

労働者が従事する担当業務の内容である。専門職や役職者として採用する場合は，具体的に記載し，職責や評価対象を明確化するのが適切である。

[3.2条]　担当業務の変更

会社（使用者）が労働者の担当業務を変更する場合の根拠規定である。1項で列挙した業務と全く異なる業務を追加で命じたり，業務内容が大幅に変更される場合，賃金や労働時間等の労働条件の見直しも併せて検討する。

[4.1条]　労働時間・休憩時間

労働時間及び休憩時間については，労働基準法（以下「労基法」）で以下の規制がある。

- 労基法32条［1週40時間，1日8時間の原則的労働時間を規定］
- 労基法34条［労働時間が6時間を超える場合には45分，8時間を超える場合には1時間の休憩時間を設けることを規定］

[4.2条]　始業・終業時刻，休憩時間

労働時間（始業・終業時刻，休憩時間）を労働契約時に特定せず，月毎のシフト制により定める場合の条項例は下記のとおりとなる。

> The Company shall notify in writing the Employee of his/her working days, opening and closing time and rest period (hereinafter referred to as the "Notice of Shifts") one (1) month in advance of his/her work. The Employee shall work in accordance with the Notice of Shifts.

シフト勤務の場合，賃金は時給制とすることが多い。

[5条]　休日

休日を労働契約時に特定せず，月毎のシフト制により定める場合の条項例は，

Article 5. Days Off

1. The Employee's days off shall be as follows.

    (1) Saturdays and Sundays

    (2) Other day(s) designated by the Company

2. The Company may, notwithstanding the provisions of the preceding paragraph, have the Employee work on days off if need arises. The Company shall notify the Employee of such event in advance.

3. The Employee's absence from work shall be reported to and approved by the Company in advance; provided, however, that the Employee may report his/her absence to the Company afterward without delay if there are unavoidable circumstances.

4. In the Term set forth in Paragraph 1 of Article 1 hereof, the Company shall grant __ days paid leave during the period requested by the Employee; provided, however, that when the granting of leave during the requested period would interfere with the normal operation of the enterprise, the Company may grant the leave during another period.

5. Unused paid leave may be carried over only to the following year.

6. The Company shall, in addition to paid leave stipulated in the preceding two paragraphs, provide the Employee with rest periods and days off in accordance with applicable laws.

Article 6. Additional Working Hours and Days

1. Notwithstanding the provisions of Paragraph 1 of Article 4 and Paragraph 1 of Article 5 hereof, the Company may order the Employee to work at additional times and on additional days if need arises.

2. The Company's order under the preceding paragraph shall not be unreasonably denied by the Employee.

Article 7. Wages

1. The Company shall compensate the Employee as follows:

    (1) Basic salary: 【A】 yen/month

    (2) Commutation allowance

2. In case that the Employee has worked beyond regular working hours

4.1条のコメント部分参照。

労働日を規定する場合は［The Employee's workdays shall be as follows.］として「労働日」を列挙する。

［5.2条］　休日労働

休日労働を命じた場合，①休日労働分の割増賃金を支払う，②休日労働した分，他の労働日に勤務させない，といった対応がとられる。②に関する条項例は下記のとおりである。

In the event that the Company has the Employee work on days off pursuant to the preceding paragraph, the Company shall provide the Employee with days off equivalent to the number of days that the Employee worked during the days off.

---

②については，(i) 勤務前に休日自体を変更しておく方法と，(ii) 休日労働を行った後に他の労働日の労働を免除する方法があり，(i)「振替休日」，(ii)を「代休」という。

［6条］　時間外・休日労働

会社（使用者）が労働者に対して，契約外の時間外労働や休日労働を命じるためには，労働契約法上の根拠が必要である。労基法36条所定の労使協定（36（サブロク）協定）を締結している場合でも，同協定の効力は同法の規制を解除する効力しかなく，労働者に対して時間外および休日労働の義務（契約上の義務）を発生させるものではないからである。

なお，労基法上の労働時間（法定労働時間）を超えた時間外労働や労基法上の休日（法定休日）に行った休日労働では，割増賃金の支払が必要となる。

［7.1条］　月額給与

基本給や通勤手当（通勤費）について規定したが，これ以外にも各種手当があれば漏れなく記載する。1年単位で賃金額を定める年俸制の場合でも，賃金（年俸）の内訳を明記する必要がある。例えば，年俸中に「役職手当」分が含まれている場合，役職名と役職手当の金額を明記しておく。この点が明記されていないと，降職・解職を行う際に役職手当分の減額が困難となる。

stipulated in Paragraph 1 of Article 4, or has worked on a regular holiday stipulated in Article 5, or has worked late night (between 10:00 p.m. and 5:00 a.m.), the Company shall pay an extra wage calculated in accordance with relevant laws.

3. Commutation allowance shall be calculated in accordance with the most economical and reasonable route and mode of commutation as determined by the Company.

4. The Company shall, in addition to the wages granted to the Employee in accordance with Paragraph 1 and 2 hereof, pay a bonus to the Employee on 【B】, 【C】, 20XX (hereinafter referred to as the "Bonus Day"); provided, however, that the Employee is not employed by the Company on the Bonus Day.

5. The amount of bonus shall be determined by the Company according to such factors as the Employee's performance and the Company's operating profit.

6. The Employee acknowledges that he/she shall not be entitled to any retirement benefit or similar benefit.

Article 8. Payment Methods

1. Wages stipulated in Paragraph 1 and 2 of Article 7 hereof shall be paid monthly for the period from the first to the last day of the month (hereinafter referred to as the "Payment Period"), and shall be paid on the 【D】 th day of the next month of the Payment Period (hereinafter referred to as the "Pay Day"). In the event that the Pay Day falls on a legal holiday or a banking holiday, the payment shall be made on the business day prior to the Pay Day.

2. The payment of wages under the preceding paragraph shall be transferred to the Employee's bank account designated by the Employee.

3. In the event that the Employee has not worked for days and hours required by this Agreement because of reasons including, but not limited to, absence, late arrival or early leave, the amount of wages proportionate to those diminished day(s) and/or hour(s) shall be deducted from the payment. Furthermore, the Employee acknowledges that the payment of the wages shall be subject to deduction required or permitted by applicable laws.

第4章 さまざまな契約書式 *187*

［7.2条］ 割増賃金

　労基法上の割増賃金としては，時間外労働，休日労働及び深夜労働がある。

　毎月支給する定額手当を割増賃金相当額とする定額残業制度を設ける場合，①当該手当が割増賃金相当額であること，②割増賃金相当額または時間の明記を行う必要がある。また，実際の割増賃金が，定額手当分を超過した場合は，超過分の追加支払も必要である。

［7.3条］ 賞与

　賞与を支給しない場合には，４項及び第５項を削除し，下記の条項を設ける。

> The Employee acknowledges that he/she shall not be entitled to any bonus or similar wage.

［8.1条］ 給与の支払方法

　給与の支払方法として，給与の計算方法と支払日を規定する。給与の支払方法としては，労基法24条において，①通貨払いの原則，②直接払いの原則，③全額払いの原則，④毎月払いの原則，⑤一定期日払いの原則が規定されている。

［8.2条］ 給与の支払口座

　給与の振込口座は，本人名義であることが必要である。なお，労基法24条では「通貨払い」（上記①）が原則のため，銀行振込は同条の例外である。

［8.3条］ 賃金控除

　賃金控除できるのは不就労部分（欠勤・遅刻した時間分）だけである。不就労部分を超えた控除は，賃金不払や労基法91条の減給処分の上限規制違反の問題となる。

［9.1条］ 退職事由

　労働契約の終了事由には『解雇』と『退職』がある。労基法では「解雇」の場合には解雇予告または解雇予告手当の支払いが必要になるため（同法20条），「解雇」と「退職」は，規定上も明確に区別する。

　１号から３号に規定した退職事由以外にも，期間の定めのない労働者（正社員）の就業規則では「定年退職」や「休職期間満了による退職」が退職事由と

Article 9. Termination of Employment

1. The Employee's employment shall be terminated for any of the following.

　(1) Death of the Employee

　(2) The Company's approval upon the Employee's request to resign

　(3) Expiration of the Term without renewal

2. The Employee's resignation request shall be lodged to the Company in writing fourteen (14) days prior to his/her resignation.

Article 10. Dismissal

The Employee shall be dismissed for any of the following.

(1) The Employee is deemed unable to handle the assigned work stipulated in Article 3 hereof.

(2) The Employee has remarkably poor work performance or fails to demonstrate a positive attitude about work.

(3) The Employee becomes redundant due to the Company's operational requirement including, but not limited to, restructuring or business scale reduction.

(4) The Employee violates any of the provisions in Article 12 hereof.

(5) Any other unavoidable circumstances prevent the continuance of this Agreement.

Article 11. Return of Money and Properties

In the event of the Employee's retirement or dismissal, the Employee shall return the Company money and properties which belong to the Company including, but not limited to, materials, equipment and identification cards, as instructed by the Company.

Article 12. Compliance

The Employee shall comply with the following.

(1) The Employee shall not violate any of the provisions stipulated in this Agreement.

(2) The Employee shall not become an employee of another company without approval of the Company.

(3) The Employee shall not violate any of the Company's rules or orders from

して規定されるのが一般である。

[9.2条]　退職方法

　同条では，労働者側からの退職申出（辞職）について，14日前の書面によることを規定したが，退職手続きについて社内ルール（規定）がある場合は，以下の条項例でもよい。

> [The Employee's resignation shall be requested to the Company in accordance with the Company's rules.]

[10条]　解雇

　解雇については，以下のような法規制がある。実務では，解雇を巡る法的紛争を回避するため退職勧奨や解決金による合意退職の方法をとることも多い。合意退職の書式は，本書の［Termination Agreement］参照。

- 労基法第20条［使用者が労働者を解雇する場合には，30日前の予告または予告日数分の平均賃金の支払わねばならない旨を規定］
- 労働契約法第16条［解雇は，客観的に合理的な理由と社会通念上の相当性がない場合には，権利の濫用として無効となる旨を規定］
- 労働契約法17条１項［労働契約の期間途中では，やむを得ない事由がある場合でなければ解雇できないことを規定］

[12条]　遵守事項

　労働者の遵守事項を列挙したが，網羅的に規定することが困難な場合は，遵守事項を列挙した誓約書を別途提出させる。

[12条(2)]　兼業・兼職禁止

　在職中の兼業・兼職義務を規定しているが，退職後の競業禁止を定める場合には，下記のような条項例を追加するか，別途，退職後の競業禁止に関する誓約書を提出させる。

> Article ○. Covenant Not to Compete
> The Employee shall not, during the Term of this Agreement and for a period of ＿＿ years after the termination of his/her employment, engage in or accept any

his/her superior.

(4) The Employee shall not disclose to any third party any information considered by the Company to be confidential including, but not limited to, trade secret and personal information.

(5) The Employee shall not gain any private interest by taking advantage of his/her position.

(6) The Employee shall not cause any damage to the Company.

(7) The Employee shall not violate punitive laws.

(8) The Employee shall not damage the Company's reputation.

(9) The Employee shall not conduct unwanted sexual behavior toward others.

(10) The Employee shall not violate the Statement of Pledge submitted to the Company.

(11) The Employee shall, for the purpose of processes relating to his/her employment, produce document(s) and/or carry out any procedures as necessity requires. Also, the Employee shall respond to inquiries from the Company regarding the document(s) and/or procedures above.

Article 13. Disciplinary Measures

1. In the event that the Employee violates any of the provisions stipulated in Article 12 hereof, the Company may take disciplinary measures as follows.

   (1) Reprimand – to urge the Employee to reflect on the matter by having the Employee submit a report to the Company.

   (2) Pay Cut – to reduce the Employee's wages. The amount of decrease for a single occasion shall not exceed fifty (50) percent of the daily average wage, and the total amount of decrease shall not exceed ten (10) percent or the total wages for a month.

   (3) Suspension from work – to suspend the Employee from work. Compensation for the period suspended from work shall not be paid.

   (4) Disciplinary dismissal – to dismiss the Employee immediately, without notice period.

2. The Company may search the Employee's belongings carried into his/her workplace, monitor personal computers used by him/her and/or carry out other necessary inspections when it deems necessary for the purpose of,

第 4 章 さまざまな契約書式 *191*

> position with any business in competition against any business of the Company, its
> subsidiaries or other affiliated or related companies.

［12条⑾］ 就労に関する書類提出等

就労資格の外国人を労働させた場合，会社（使用者）側も法違反を問われたり，トラブルに巻き込まれる危険がある。外国人を雇用する場合は，11号の一般的な書類提出に関する規定に加え，以下のような就労資格に関する書面提出義務を明記することがある。

> The Employee shall submit Certificate of Authorized Employment and/or other
> document(s) required by the Company by a fixed period of time.

なお，就労資格がない者との労働契約関係を速やかに終了させる場合の根拠規定以下の条項例がある。

> Article ○. Visa/Stay Permission
> In the event that the Employee's working visa and stay permission are not approved,
> refused, withdrawn or failed to be renewed in accordance with immigration laws, the
> Employee's employment shall be immediately terminated by the Company at its
> discretion.

［13条］ 懲戒の種類

1項各号に懲戒処分を列挙した。これら以外にも「降格・降職」や「諭旨解雇（諭旨退職)」などがある。

労働契約法15条では，懲戒処分について，客観的に合理的な理由を欠き，社会通念上相当でない場合は無効となる旨を規定している。

［13条1］ 減給処分

減給処分の金額については，労基法91条が，上限金額を，①1回が平均賃金の半額，②総額は1賃金支払期の賃金総額の1割に制限している。

［13条2］ 所持品検査・モニタリング等

懲戒対象事実その他の社内における不正調査のために，所持品検査や会社貸

including, but not limited to, deciding appropriate disciplinary measures against the Employee. Such inspections shall not be unreasonably denied by the Employee.

3. In the event that the Company determines to take disciplinary measures against the Employee, the Company may order the Employee to stay at home until disciplinary measures against him/her are decided.

Article 14. Indemnification

The Employee shall indemnify the Company from any and all damages from the negligence or willful misconduct of him/her. The Employee acknowledges that the duty to indemnify the Company hereunder shall persist after disciplinary measures, if any, are taken against him/her in accordance with the preceding article.

Article 15. Governing Law/Exclusive Jurisdiction and Venue

1. This Agreement shall be governed by, and construed and interpreted under the laws of Japan.

2. The parties hereto agree that all the lawsuits hereunder shall be exclusively brought in the Tokyo District Court of Japan.

Article 16. Reference

1. Any matters not stipulated herein shall be governed by the laws and the Company Rules applicable to the Employee.

2. In the event that any part of the Company Rules is amended during the Term, the revised version shall be binding.

IN WITNESS WHEREOF, the parties hereto have caused this Agreement to be signed by the Company and the Employee in duplicate, each party retaining one (1) copy thereof, respectively.

The Company:

By:

Title:

The Employee:

(Address)

(Telephone number)

与パソコンのモニタリングを行うことがあり，その場合の根拠規定例である。労働者個人のプライバシーに関わる部分もあるので，根拠規定がある場合でも，運用・実施にあたっては，調査の必要性や方法の相当性への配慮が必要である。

［13条 2 ⑶］　自宅待機

　不正行為が疑われる場合，証拠隠滅防止のために，業務命令として自宅待機を命じることがある。自宅待機は，懲戒処分前に実施されるのが通常であり，懲戒処分として行われる13条 1 項 3 号の出勤停止とは異なる。

［14条］　損害賠償請求

　労働者に対する損害賠償請求の根拠規定であるが，判例（最一小判昭和51年7 月 8 日民集30巻 7 号689頁）では，損害の公平な分担という見地から信義則上相当と認められる限度に賠償範囲（判例の事案では25％）を制限したものがある。

［15条］　準拠法・管轄

　労働契約で準拠法や管轄を規定するのは一般的ではないが，規定する場合には同条のような規定例を設ける。

［16条］　契約書以外の合意

　本契約書に規定していない事項について，個別に合意書を作成する場合に備え，以下のような条項例を追加することもある。

Any matters not stipulated herein shall be determined by documents introduced by the Company from time to time or mutual agreement in writing between the parties hereto.

10　雇用終了契約（Termination Agreement）

本契約書は，雇用契約を終了させる場合に使用される。

Termination Agreement

This AGREEMENT is made as of the date set forth below by and between Company A Corp. ("Company A") and <u>Name of Person</u> ("Employee B"). Company A and Employee B hereby agree as follows:

Article 1.
The parties hereto acknowledge that an employment agreement between Company A and Employee B has been terminated entirely as of ___ ___, 20___.

Article 2.
Company A acknowledges that it is under an obligation to pay Employee B XXX yen as dispute-settlement. The payment above shall be transferred to the following bank account designated by Employee B on or before, 20___.
Account Holder:　　　　　　　　　Bank Name, Branch Name, Account No.:

Article 3.
The parties hereto hereby mutually agree not to disclose any information included in this AGREEMENT to third parties.

Article 4.
This AGREEMENT contains the entire and only agreement between the parties hereto with respect to the subject matter hereof. The parties hereto acknowledge that there exist no rights or duties between them unless otherwise provided by this AGREEMENT.

Article 5.
Employee B hereby discharge Company A from any and all past, present or future actions, claims and demands of any kind against Company A arising out of or relating to Company A's employment relationship with Employee B and the termination of the employment.

第4章　さまざまな契約書式　　*195*

［1条］　退職合意

　労働契約の終了事由には『解雇』と『退職』がある。会社（使用者）が行った『解雇』に，事後的に労働者側が同意するケースにおいても，本書のように『合意退職』の形式にするのが一般である。

　実務では，退職金の支給事由や離職票の記載方法を明確化するために，具体的な離職理由まで合意書で規定することがある。この場合の条項例は下記のとおりとなる。

Article 1-2
The reason of termination of the employment agreement in preceding paragraph is as follows：[　　　　　　　　]. Employee B acknowledges that Company A will, in employment insurance proceedings and so forth, report the reason of termination as stipulated above.

［2条］　精算条項

　退職合意の前に，入社時や役職就任時等において，退職後の秘密保持や競業避止に関する誓約書を会社（使用者）に提出しているか否かを確認し，当該誓約書の効力を退職合意後も存続させたい場合（精算対象としない場合）は，当該誓約書のコピーを別紙として添付して，以下の条項を設ける。

Article 4-2
Notwithstanding the provisions of the preceding paragraph, written covenant(s) attached to this Termination Agreement as Appendix shall
remain in force, and therefore Employee B shall continuously be under obligations stipulated in those written covenant(s).

［5条］　退職合意後の紛争防止

　退職合意時までに，①会社貸与物や健康保険証の返却，②会社施設内の私物返還等の退職に伴う諸手続きを完了させておくのが望ましい。当該手続きが未了の場合は，適宜条項を設けて規定する。

覚書 (Memorandum of Understanding)

　Memorandum of Understanding は，Letter of Intent といった契約名でも作成され，覚書や意向書と訳される。正式契約に先立って最終契約交渉をすすめるために当事者の基本的合意として作成されることが多い。投資許可取得のために提出が義務付けられている国もある。法的拘束力を持つ条項がどれであるかを明記することが必要である。

Memorandum of Understanding

This Memorandum of Understanding ("MOU") is entered on December 1, 2017 (the "Effective Date") by and between DEF US Inc., a corporation duly formed and existing under the laws of the State of New York and having its principal office at _____ ("DEF") and ABC Japan Corporation, a corporation duly formed and existing under the laws of Japan and having its head office at _____, Japan ("ABC", ABC and DEF collectively "Parties").

WHEREAS, DEF is the leading company by developing and selling IoT Software products all over the world ("Products");

WHEREAS, ABC is the exclusive distributor of Products in Japan ("Territory") pursuant to the Exclusive Distributor Agreement dated April 1, 2013 ("Original Agreement");

WHEREAS, DEF and ABC had been discussing for the expansion of sales of Products in Territory and agreed to establish, as company limited by shares under the laws of Japan, a joint venture company in Territory ("Joint Venture"). Joint Venture will be responsible for exclusively importing Products from DEF and selling the same in Territory;

WHEREAS, upon establishment of Joint Venture, Original Agreement will be terminated. DEF will enter separate exclusive distributor agreement with

［MOU 締結の目的］

　本 MOU は，米国 DEF 社と日本 ABC 社両者で日本における独占的輸入販売代理店となる新設合弁会社を設立するために締結される。DEF 社は ABC 社との契約製品の独占的販売代理契約に基づき日本における製品販売を同社に許諾してきたが，この契約は解除されることになることが規定されている。

［MOU 締結に至る経緯］

　MOU は whereas clause を設けないことが多いが，本 MOU では契約に至る経緯を記載した。ABC 社は，従来独占的輸入販売代理店として日本において契約製品を販売してきたが，既存の輸入販売代理店契約解除を本 MOU 締結前に DEF 社から申し入れられたという前提である。

　海外メーカーは，日本に子会社を設立する場合，100%子会社あるいは第三者との合弁会社として設立することが多い。DEF 社が100%子会社を設立した場合，ABC 社は子会社から購入する単なる一代理店となるか，代理店としても認められず契約製品に関与できなくなる可能性もあった。

　しかし，既存の ABC 社による販売に基づく日本国内における保証責任などもあり，DEF 社は ABC 社を切らなかった。ABC 社は合弁会社に出資し，総輸入販売代理店としての関与が残ることが記載され，独占販売代理店でないが非独占販売代理店として既存の販売ルートを活用できることになる。

［合弁会社］

　合弁会社は，株式会社として設立されることを想定しているが，外資系企業に多い合同会社として設立することも考えられる。税制面から会社形態が決定される。

［新総輸入販売代理店契約］

　新総輸入販売代理店契約が合弁会社と DEF 社との間で締結されると，DEF 社と ABC 社間の輸入販売代理店契約は解除される。ABC 社は，合弁会社から契約製品を購入することができるとしているが，非独占販売代理店としての購入となる。ABC 社が独占販売代理店として合弁会社から購入することができる場合，whereas clause の最後を以下のとおりに変更できる。

Joint Venture. Joint Venture will sell Products both through ABC and new distribution network of Joint Venture; and

WHEREAS, the parties desire to cooperate together for establishing Joint Venture pursuant to this MOU.

It is agreed as follows:

1. The Parties agree to corporate each other in order to establish Joint Venture, for this purpose:

(a) DEF will be responsible for the following activities:

(i) Provide information (business, financial, and legal) to ABC necessary for establishment of Joint Venture and make business plans for Joint Venture;

(ii) Finalize the terms and conditions of agreement to establish the Joint Venture between DEF and ABC ("Definite Agreement"). DEF will enter into Exclusive Distributor Agreement with Joint Venture for exporting Products to Joint Venture of which terms acceptable to DEF and ABC. Definite Agreement will contain model Distributor Agreement of which terms acceptable to DEF and ABC to be entered between Joint Venture and distributors in Territory including ABC; and

(iii) Attend the Development and Sales Meetings in order to discuss matters necessary for joint venture establishment and plan for sale and marketing of Products.

(b) ABC will be responsible for the following activities:

(i) Provide information (business, financial, and legal) to DEF necessary for establishment of Joint Venture and make business plans for Joint Venture;

(ii) Finalize the terms and conditions of Definite Agreement and related agreements specified in (a)(ii) above; and

(iii) Attend the Development and Sales Meetings in order to discuss matters necessary for joint venture establishment and plan for sale and marketing of Products.

2. The arrangement between the Parties described herein is on an exclusive basis during the terms of this MOU.

3. Expenses incurred in fulfilling its obligations and responsibilities set forth in

> which will sell Products through ABC exclusively

[１条]　当事者の役割分担

　本項は，両当事者の役割を記入するものである。どこまで詳細に規定するかは法的拘束力を規定した第７条による。本 MOU においては，本項は法的拘束力をもたせていない。つまり，MOU を締結するものの，当事者の役割分担としては現段階では具体的な権利義務として合意されていないことになる。さらに，本項に法的拘束力を持たせない事から，記載してもいつでも変更できるということになる。したがって，本項の記載方法としては，あくまで一般的な項目を記載することが望ましい。

　合弁会社の出資比率については，非常に重要であるのである程度の基準となる出資比率や投資額を事前に取り決めておくことも十分考えられるが，ここでは規定していない。規定する場合の出資比率および投資額（資本金を含む）サンプル条項は以下のとおりである。

> Definite Agreement will provide the contribution ratio of Joint Venture which will be 65% by DEF and 35% by ABC. Estimated investment amount of Joint Venture including capital injection will be JPY100,000,000.

[１条(a)(iii)]　諸契約

　締結すべき諸契約として，日本における販売会社となる合弁会社を設立する合弁契約書（Definite Agreement），DEF 社と合弁会社間の独占輸入販売契約，さらに合弁契約書に添付される合弁会社と ABC を含む代理店との間の販売代理店契約のテンプレートを記載している。

[２条]　独占交渉権

　本 MOU では，独占性が認められているので，本 MOU の有効期間内において DEF は ABC 以外の第三者と本契約類似の契約を締結することができない。

[３条]　費用

　本 MOU に関して発生することのある費用は，それぞれが負担する。資金提

this MOU shall be borne by each Parties. This clause does not create any funding obligation to Joint Venture.

4. The duration of this MOU shall be two (2) years commencing from the Effective Date unless Definite Agreement is entered, terminated by any party giving the other Party thirty (30) days' prior notice in writing, or the Parties agree not to form Joint Venture.

5. The Parties will keep confidential all information to be exchanged between the Parties in relation to this MOU and existence of this MOU (collectively "Confidential Information") during the term of this MOU and for a period of five (5) years after termination of this MOU regardless whether marked as confidential or not. Confidential Information shall not include information which (i) is or becomes a part of the public domain through no act or omission of the other party; (ii) was in the other party's lawful possession prior to the disclosure; (iii) is lawfully disclosed to the other party by a third party without restriction on disclosure; or (iv) is independently developed by the other party without breach of the MOU.

6. This MOU shall be governed by and construed in accordance with the laws of New York, without regard to conflict of law principles, and the Parties submit to the exclusive jurisdiction of the state and federal courts located in New York to the extent permitted by law.

7. Either party may request changes to this MOU. Any changes or amendments to this MOU shall be incorporated by written instrument.

8. Notwithstanding any provisions to the contrary, the Parties hereby agree that this MOU is not intended to create a legally binding relationship between Parties hereto except Articles 2, 3, 4, 5, 6, and 7. No party shall have any other legal and or financial obligation or liability to the other unless and until Definitive Agreement is entered.

IN WITNESS WHEREOF, the duly authorized representatives of the Parties have caused this MOU to be executed on the Effective Date.

供義務がないことを記載しているが，出資比率や投資金額を記載した場合には特に注意が必要である。

[4条] 期間

契約期間は2年としているが，Definite Agreement の締結，30日前の通知，当事者の合意解約によって終了する。書面により合意すれば延長できるという規定は以下のとおりである。

> This MOU may be extended by written mutual consent by the Parties.

[5条] 秘密保持義務

一般的な秘密保持義務である。なお，注意すべきとして，and existence of this MOU として本 MOU の存在そのものを秘密にすることを規定している。

[6条] 準拠法，管轄

準拠法は NY 州法，管轄は NY 州の連邦ならびに州裁判所としている。仲裁条項を紛争解決手段にすることも十分に考えられる。

[8条] 法的拘束力

MOU では，法的拘束力を持たせないことが重要であるが，秘密保持義務など一方で法的拘束力を持たせる条項も必要であり，本 MOU の法的拘束力のある条項を選択して記載している。なお，Definite Agreement の締結が義務でないことも念のため確認している。

> 損害請求できる条項例
> This MOU is used to clarify the intent of the parties and is not a binding commitment by either party to perform the activities or achieve the objectives set forth herein, and either party's failure to perform any activity or achieve any objective set forth herein shall not result in damages of any form except for Sections X.

秘密保持契約 (Confidentiality Agreement)

秘密保持契約は，Non-Disclosure Agreement (NDA) とも称され，取引検討開始，基本契約と同時に締結されるなど，広く利用される。本契約は両当事者が開示者となる相互型であるが，入札情報の開示など片方の当事者が開示し，他方の当事者が受領して秘密保持義務を負担する片務型もある。

Confidentiality Agreement

This Confidentiality Agreement ("Agreement"), is made and entered into effective _____, 2017 ("Effective Date") by and between ABC Japan K.K. ("ABC") and DEF US Inc. ("DEF") for the purpose of discussing potential business relationship ("Purpose").

1. Confidential Information.

    "Confidential Information" means non-public business and other information that may be disclosed or otherwise made available by one party ("Disclosing Party") to the other Party ("Receiving Party"), in any form, that are marked or identified as confidential or proprietary at the time of disclosure.

2. Responsibilities Regarding Confidential Information.

    Receiving Party will:

    (a) hold Disclosing Party's Confidential Information in confidence and not disclose such Confidential Information to any third party;

    (b) not use Disclosing Party's Confidential Information for any purpose except for the Purpose; and

    (c) take reasonable precautions to prevent unauthorized disclosure or use of Disclosing Party's Confidential Information.

3. Exceptions.

    (a) Receiving Party's obligations under this Agreement will not apply to any Confidential Information to the extent it:

       (i) is now, or subsequently becomes, generally available through no

第4章　さまざまな契約書式　*203*

［1条］　秘密情報

秘密情報は，「秘密」と記載された有形（tangible）のものを指し，ここでは無形（intangible）のものは含めていない。なお，個人情報保護法に基づく個人情報を秘密情報の定義に加えることも考えられるが，同法が日本法であるため，国際契約においてこの定義に限定するケースは多くない。一方，EU 指令に基づく Data Transfer の規定を考慮した契約や域外への情報移動を禁止した秘密保持契約も多く作成される。

無形（intangible）の秘密情報を含む場合の条項例
in intangible form, clearly identified as confidential or proprietary at the time of disclosure, and then reduced to writing and furnished to the Receiving Party within thirty (30) days of the initial disclosure.

子会社の情報を含む場合の条項例
"Confidential Information" shall mean all confidential or proprietary information of Disclosing Party or its subsidiaries or affiliates, including without limitation trade secrets, business and technical information and data (whether or not reduced to writing), which is disclosed or made available by Disclosing Party to Receiving Party

---

［2条］　受領者の義務

秘密情報保護についての受領者の義務を規定する。ここでは，(a) 一般的な秘密保持義務，(b) 目的外使用禁止，(c) 秘密情報保護のための合理的な手段を尽くすことを規定する。

秘密保持の義務レベルを明確にした条項例
hold all Information received from the Disclosing Party in strict confidence using the same degree of care as it normally exercises to protect its own confidential or proprietary information of a similar nature, but not less than reasonable care.

情報の開示を認める社員等の条項例
restrict disclosure of Confidential Information only to its directors, officers, employees, legal advisors and consultants who have a strict need to know, provided that Receiving Party shall, prior to disclosure, impose on them the confidentiality obligations substantially equal to, but not less restrictive than, those set forth in this Agreement.

---

wrongful act or omission of Receiving Party;

(ii) at the time of disclosure to Receiving Party, was known to such Receiving Party free of restriction; or

(iii) is independently developed by Receiving Party without using any Confidential Information of Disclosing Party.

(b) Receiving Party may disclose Disclosing Party's Confidential Information to the extent required by law or regulation.

(c) All Confidential Information disclosed under this Agreement will remain the property of Disclosing Party.

(d) Receiving Party may only disclose Disclosing Party's Confidential Information to its own employees, consultants and advisors who reasonably require it to carry out their function in connection with the Purpose and have agreed in writing to terms at least as protective as those set forth in this Agreement ("Representatives"). Receiving Party is responsible for any acts or omissions of its Representatives that, if taken by Receiving Party, would constitute a breach of this Agreement.

4. No License.

No license or right under any intellectual property right is granted under this Agreement or by any disclosure of Confidential Information except as expressly stated in this Agreement.

5. No warranty.

Disclosing Party warrants that it has the right to disclose Confidential Information but makes no other warranties, express or implied. CONFIDENTIAL INFORMATION IS PROVIDED ON AN "AS IS" BASIS.

6. Term

Either party may terminate the Agreement in writing, and Receiving Party will stop all use and disclosure of Disclosing Party's Confidential Information. Regardless of any expiration or termination of this Agreement, Receiving Party must meet its obligations with respect to Confidential Information under this Agreement for three (3) years after receipt of that Confidential Information. Upon written request of the Disclosing Party, Receiving Party will promptly return to Disclosing Party or destroy Confidential Information

第4章　さまざまな契約書式　　*205*

複製物の作成を禁止する条項例
not to make a reproduction (including, but not limited to, copy or reproduction by taking photographs) of such Confidential Information

［3条］　情報の例外

　本条では，情報の例外について以下のとおり規定する：(i) 受領者の責めによらずして開示された情報，(ii) 受領者がすでに保持していた情報，(iii) 独自に開発した情報

他の例外条項例 (iv) public domain の情報 (v) 当事者間の同意によって除外した情報
(iv) was in the public domain on the date hereof or comes into the public domain other than through the fault or negligence of the Receiving Party
(v) was excluded from the scope of the confidentiality obligation hereunder with the Disclosing Party's written consent

［4条］　本契約の性質

NDA を締結するが，さらなる契約の締結を義務付けない条項例：
The disclosure and receipt of the Confidential Information shall by no means result in any obligation on the part of either Party to enter into any further agreement,

［6条］　期間

　無制限の秘密保持義務を負担させる秘密保持契約に期限を設けない場合もある。本条では，秘密保持情報を受領してから3年と規定しているが秘密保持契約期間があるわけでもない。契約期間を定めた上で受領時から一定期間の義務とする契約も可能である。

契約期間を設ける条項例
The term of this Agreement shall be three (3) years from the date above written, provided that the confidentiality obligations shall survive the termination of this Agreement for a period of three (3) years.

of Disclosing Party.

7. Miscellaneous.

(a) This Agreement constitutes the entire agreement of the parties concerning this subject matter and supersedes any prior or contemporaneous written or oral agreements, understandings or representations.

(b) Neither party may assign this Agreement or any of its rights or delegate any of its obligations under this Agreement without the prior written consent of the other.

(c) Each party expressly consents to the jurisdiction of the Tokyo District Court in Japan.

(d) This Agreement is governed by the laws of Japan, excluding its conflict of law rules.

(e) A party's failure to enforce any provision of this Agreement will not constitute a waiver.

(f) Notices under this Agreement must be sent in writing to the addresses below or to such other address as a party has notified the other in writing.

IN WITNESS WHEREOF, the parties have executed this Agreement in duplicate on the Effective Date.

ABC Japan K.K.

_____

DEF US Inc.

_____

第4章　さまざまな契約書式　*207*

［7条］　一般条項

　一般条項では，「合意変更条項」や「差止救済条項」などを追加することが
考えられる。

差止救済（Injunctive relief）を認める条項例

Parties acknowledge that the extent of damages in an event of the breach of any
provision of this Agreement would be difficult or impossible to ascertain, and that
there will be no adequate remedy available at law in the event of any such breach.
Therefore, each Party agrees that in the event it breaches any provision of this
Agreement, the other Party is entitled to specific performance and injunctive or
other equitable relief, in addition to any other relief to which they may be entitled to
at law or in equity.

第 5 章

付随契約書式

委任状 (Power of Attorney)

　契約交渉や契約捺印のための委任状は，相手方から交渉メンバーや締結サイナーに交渉やサインする権限があるのか確認を求められるときのために用意するものである。

POWER OF ATTORNEY

I, the undersigned, do hereby appoint ＿＿ (the "Agent"), to be my lawful agent with regard to the following matters:

　　1. To attend the meeting, negotiate, modify, accept, and enter the possible contract with ＿＿; and

　　2. To delegate any authority granted under this Power of Attorney to a person selected by the Agent, however such delegation must be in writing and state the extent of power delegated provided that the Agent further assures that Agent is directly liable to us under this Power of Attorney regardless whether such action was caused by a delegated third party.

This Power of Attorney shall be effective from the date of its execution and shall remain in force indefinitely unless revoked.

I hereby ratify and agree to ratify everything, which the Agent under this power of attorney shall do or purport to do by virtue of this power of attorney.

　　＿＿＿＿＿＿, 2017

Company Name:
Address:
By:
Name:
Title:

［代理行為について］

　和解交渉を委任する場合，下記の項目を入れる。

To settle, compromise or submit to arbitration all accounts, claims and disputes between me and any other person or persons.

　法的行為を委任する場合，下記の項目を入れる。

To commerce, carry on or defend all actions and other legal proceedings in respect of my property or affairs or any part thereof or in respect of anything in which I or my property or affairs may be in any way concerned.

［復代理にあたって］

　復代理を認めない場合，２項を削除する必要がある。

［署名権限者について］

　日本では会社法並びに商業登記簿謄本により株式会社であれば代表取締役が会社を代表するのであり，契約交渉締結用委任状に代表取締役が署名することで良い。一方，英米法に基づいて設立された会社の場合，CEO, CFO, Corporate Secretary（General Counsel）, Managing Director, President など誰に署名してもらうのがよいのかわからない場合確認が必要である。

　サイン証明を取得したり，権限踰越による無効を主張されないように弁護士事務所から，意見書を取得して確認をしておく事も考えられる。

［期間］

　本委任状は，締結日から有効であるものの，期間を定めておらず，取り消されるまで有効としている。なお，日本法によれば，委任契約はいつでも解除することができる。また，委任契約は無報酬である。

［サインの真正］

　日本においては，実印に印鑑証明を取得することで本人が捺印し，不正がないことの証明力が高まる。一方，サインの場合は真正かどうかわからなくなるため，サイン証明を取得して確認することが行われる。

保証契約（Guaranty Agreement）

保証契約は，主たる債務者（例えば子会社）の債務について，保証人（例えば親会社）が債権者に対して保証する場合に用いられる。

JOINT AND SEVERAL REVOLVING GUARANTY

[Date]

To DEF US Inc.
[Address, Country]

Guarantor: ABC Japan Corporation
[Signature]
[Title/Name]

The guarantor (the "Guarantor") shall jointly and severally guarantee the fulfillment of all the current and future payment obligations that the primary debtor (the "Primary Debtor") bears to DEF US Inc. (the "Beneficiary"), including interests and attorney's fees that the Beneficiary spent to exercise its rights, with the Primary Debtor up to the maximum revolving amount specified in second paragraph hereto as follows:

1. Primary debtor: DEF Company
                     [Address]

2. Maximum amount: USD XXX.00

3. No obligation to preserve securities
Any changes or terminations of the Beneficiary's mortgages, liens, securities or guaranties supplied by the Primary Debtor of other guarantors shall not affect the Guarantor's obligation under this letter.

第5章　付随契約書式　*213*

［保証契約の性質］

　ある契約の一方の当事者がその相手方に対して債務を負担する場合に，その一方の当事者（債務者）の信用が十分でない場合にその相手方（債権者）に対して，保証人が保証を差し入れることがある。この際に締結される契約が保証契約である。

　保証契約では保証人は債務者に代わって債務の履行を行う必要があり，事実上，自らが債務を負担するのと変わらなくなるため，債務者と保証人の間には特別な関係があるのが普通である（例えば，親会社が子会社の信用を補完するなど）。

［連帯保証］

　日本においては商行為による保証は連帯保証となる（商法511条2項）。しかし，海外の親会社などから保証を求める際にこのことは必ずしも当然とは言えないので，契約書上で明確にしておく必要がある。連帯保証は「jointly and severally」と表現される。

［2条］　極度保証

　保証においては特定の債務を保証する場合以外に，不特定の債務を保証する場合（根保証）もある。不特定の債務を保証する際に，保証人のリスクを限定するために保証限度額を設けることが多い（極度保証）。

　保証限度額は保証の対象となった債務の額とともに減少させることもあるが，保証の履行に際してその限度額まで保証する，すなわち債務の発生や消滅がそれまで繰り返し生じてもそれには関わらず限度額まで保証することも一般に行われている。このような保証は「リボルビング方式」と言われる。

［3条］　担保保存義務の免除

　債権者が保証人からの保証以外に担保や保証を受け入れていた場合に，保証人が保証債務を履行すると，その保証人は担保提供者や他の保証人に対して債権者の有していた権利を行使することができる（代位）。

　ところが債権者がこれらの担保や保証を免除したり変更を許容したり（価値の低い担保への変更など）すると，保証人の回収額が減ることになる。この保

4. Non-exertion of subrogation right

The Guarantor shall not exercise the subrogation right without the Beneficiary's prior written consent until and all of the debts that the Beneficiary and the Primary Debtor are continuously dealing or the Primary Debtor bears are paid even if the Guarantor pays partial debts that the Primary Debtor shall bear as a performance of guarantee obligation.

5. Withholding Tax

Each payment due to the Beneficiary hereunder shall be made such that the full amount due is received by the Beneficiary irrespective of any withholding which the Guarantor is compelled by law or required by any governmental authority to make on account of any taxation or other liability.

6. Currency of Payment

If any sum due from the Guarantor under this Guarantee (a "Sum") or any order, judgment or award given or made in relation to a Sum, has to be converted from the currency in which that sum is payable (the " First Currency") into another currency (the "Second Currency") for the purpose of:
i) making or filing a proof of claim against the Guarantor; or
ii) obtaining or enforcing an order, judgment or award in relation to any litigation or arbitration proceedings,
the Guarantor shall as an independent obligation, indemnify the Beneficiary against any cost, loss or liability arising out of or as a result of the conversion including any discrepancy between (a) the rate of exchange used to convert that Sum from the First Currency into the Second Currency and (B) the Beneficiary's spot rate of exchange at the time of receipt of the Sum less all costs, charges and expenses normally incurred by the Beneficiary or on its behalf in connection with such conversion.

7. Termination of guaranty

This guaranty shall terminate on the earlier to occur of the following: (a) on the close of business on [Date] or (2) by a written notice of revocation from the Guarantor to the Beneficiary. Any such termination shall not in any manner affect the Guarantor's obligation as to any obligation contracted prior

証人の回収額の減額分について債権者は責任を負わないことを定める。

　債権者の保全のために受け入れている複数の保証人や担保を，債権者が自由に処分できるようにするための規定である（「担保保存義務の免除」と呼ばれる）。

［4条］　求償権の不行使

　保証人が保証債務を履行すると，保証人は債務者に対して求償権を取得する。しかし，債権者が債権の全額を回収しないうちに保証人が求償権を行使すると，債権者の回収分が減ってしまう。したがって，保証人は債権者が債権の全額を回収しないうちは求償権を行使しないことを定める。

［5条］　源泉徴取税

　保証債務の履行について源泉徴取税が課せられると，債権者は期待していたとおりの資金の回収ができないことになる。このような状況を避けるために，源泉徴取を受けた後の金額が，保証される債権の額と等しくなるように保証人の保証債務の額を定めることがある（「グロスアップ」）。

　国際的な取引などではどのような源泉徴取が行われるかわからないので，このような定めをすることがある。

［6条］　異なる通貨による支払時の調整

　保証債務の履行が約定通りの通貨で行われれば問題ない。当事者の話し合いで異なる通貨による支払を行う場合も同じである。ところが，法的な手続き（訴訟や強制執行，破産手続き）では債権者の意図に反して手続きが行われる場所の通貨に換算して届け出る必要が生じうる。そして，具体的な支払いまでには時間がかかることが多く，その間に為替の変動（換算後の通貨の下落）があると，実質的な回収額が減ってしまうことになる。

　そのような回収額の減額について，保証人に独自の債務として補償を求めることがある。

［7条］　解約時の取り扱い

　保証契約の解約時までに具体的に生じた債務者の債務については，保証契約の終了後も保証債務が存続することを明確にしておくことが必要である。

thereto.

8. Jurisdiction

Tokyo District Court has an exclusive jurisdiction over any dispute arising from or relating to this letter. This letter shall be governed by the laws of Japan.

［保証契約についての補足説明］

　保証契約には，ここでの例のような保証人が債務者に代わって金銭債務を履行するものの他，金銭債務以外の債務の履行の保証を行うものもある。しかし，「行う債務」は債務者の技術やノウハウに依拠することが通常なので，代わりに履行まで行う保証は特別な場合（例えば共通のノウハウを持つ親会社による保証など）に限られる。

　保証契約において保証自体の定めはそれほど複雑なものではなく，その重要性に比べると意外とあっさりしたものとなる。しかし，保証に付帯して決めておくべき条項（「４．担保保存義務の免除」や「５．求償権の不行使」，「８．解約時の取り扱い」など）は，ついつい忘れがちなので注意が必要である。

翻訳宣言書（Translation Declaration）

　翻訳宣言書は，日本語で作成された契約書，定款や登記簿謄本などの証明書を英語など他言語に翻訳し，商工会議所や公証役場で証明書を取得するための宣言書である。これを修正して，自社で翻訳した内容が正しいことを証明するために相手方に渡すときに翻訳を誰がしたかを示す翻訳証明書としても使用できる。なお，証明書発行団体に事前にこの宣言書の内容で問題ないか確認する必要がある。

[Letterhead of ABC Japan Corporation]
[Address]

Declaration

I, Tatsuo Yoshikawa, senior manager of Legal Department of ABC Japan Corporation, do hereby solemnly and sincerely declare:
　　1. That I am well acquainted with the Japanese and English languages; and
　　2. That the attached document called "Basic Sales Agreement" is a true English translation from the original Japanese text.
I hereby make this solemn declaration conscientiously believing the same to be true and correct.

ABC Japan Corporation
_____
Tatsuo Yoshikawa
Senior Manager
Date:

第5章　付随契約書式　　*219*

［宣言書作成にあたって］

　日本の公証役場で証明書を取得するためには，本書（申請者宣言書），外国語翻訳文，日本語原本の3点セットが揃っていることが必要である。公証役場による証明書は公正証書となる。

　また，本書を翻訳証明書に変更するのであれば，以下のとおり修正する。

> 1）Declaration を Certification に修正
> 2）I, Tatsuo Yoshikawa, senior manager of Legal Department of ABC Japan Corporation, do hereby solemnly and sincerely declare を I, Tatsuo Yoshikawa, senior manager of Legal Department of ABC Japan Corporation, do hereby solemnly and sincerely certify に修正
> 3）And I make this solemn declaration conscientiously believing the same to be true and correct. を And I make this solemn certification conscientiously believing the same to be true and correct. に修正

　海外に所在する日本の在外公館では，その国で生活する日本人からの申請に基づいて翻訳証明を発行するが，翻訳証明の対象となる原文書は，原則として日本の官公署が発給した公文書である。私文書は取り扱うことができないが，私文書に対し日本の公証人が私署証書をしたものを，当該公証人が所属している（地方）法務局長が公証人押印証明をしたものは対象となる。

［書類名について］

　翻訳した書類の翻訳文書を入れる。本来は省略せずに記載することが望ましいが，どうしても短くする場合は Extract（抜粋）と記載し，原本についてもどこの部分を省略して翻訳したか特定する。

【編著者紹介】

吉川 達夫（よしかわ　たつお）

NY 州弁護士，駒澤大学法科大学院，国士舘大学21世紀アジア学部非常勤講師，外資系企業日本法人 General Counsel，元 VMware 株式会社法務本部長，元 Apple Japan 合同会社法務本部長（日本，韓国），元伊藤忠商事株式会社法務部，元 Temple Law School Visiting Professor, Georgetown Univ. Law School 修了（LL. M.）。

主要共編著：『電子商取引法ハンドブック』『英文契約書の作成実務とモデル契約書』『海外子会社・海外取引のためのコンプライアンス違反・不正調査の法務』『コンプライアンス違反・不正調査の法務ハンドブック』（以上，中央経済社），『ハンドブック　アメリカ・ビジネス法』『実務がわかるハンドブック企業法務』『国際ビジネス法務』（以上，第一法規）。

飯田 浩司（いいだ　ひろし）

NY 州弁護士，明治学院大学大学院　法経営学研究科及び経済学部教授，元松下電工株式会社（現パナソニック）法務部課長，元ファイザー株式会社取締役，元コロムビアミュージックエンタテイメント株式会社（現日本コロムビア株式会社）執行役，Georgetown Univ. Law School 修了（LL. M.）。

主要著書：『英文契約書の作成実務とモデル契約書』『コンプライアンス違反・不正調査の法務ハンドブック』（以上，中央経済社），『ハンドブック　アメリカ・ビジネス法』『実務がわかるハンドブック企業法務』（以上，第一法規）。

主要共著：『国際取引法と契約実務』（中央経済社）。

【著者紹介】

高仲 幸雄（たかなか　ゆきお）

弁護士，中山・男澤法律事務所パートナー，国士舘大学21世紀アジア学部非常勤講師，早稲田大学法学部卒。

主要著書：『優秀な社員を確保できる人事労務制度使いこなしマニュアル』（中央経済社），『労使紛争防止の視点からみた人事・労務文書作成ハンドブック』（日本法令），『国際ビジネス法務』（第一法規）。

宗像 修一郎（むなかた　しゅういちろう）

NY 州弁護士，外資系法務部長，国士舘大学21世紀アジア学部非常勤講師，University of Pennsylvania Law School 終了（LL. M.）。

主要著書：『国際ビジネス法務』『ハンドブック　アメリカ・ビジネス法』（以上，第一法規）。

　本書は，出版社，編者，著者個人並びに所属団体の法律意見を構成するものでなく，これらの者は本書に関して生じる一切の責任を負担しません。個別事案は弁護士等にご相談ください。

ダウンロードできる
英文契約書の作成実務

2018年7月10日　第1版第1刷発行

編著者　吉　川　達　夫
　　　　飯　田　浩　司
発行者　山　本　　　継
発行所　㈱中　央　経　済　社
発売元　㈱中央経済グループ
　　　　パ　ブ　リ　ッ　シ　ン　グ

〒101-0051　東京都千代田区神田神保町1-31-2
電　話　03（3293）3371（編集代表）
　　　　03（3293）3381（営業代表）
http://www.chuokeizai.co.jp/
印刷／東光整版印刷㈱
製本／㈲井上製本所

©2018
Printed in Japan

＊頁の「欠落」や「順序違い」などがありましたらお取り替えいた
しますので発売元までご送付ください。(送料小社負担)

ISBN978-4-502-25741-4 C3032

JCOPY〈出版者著作権管理機構委託出版物〉本書を無断で複写複製（コピー）することは，
著作権法上の例外を除き，禁じられています。本書をコピーされる場合は事前に出版者著
作権管理機構（JCOPY）の許諾を受けてください。
　　JCOPY〈http://www.jcopy.or.jp　eメール：info@jcopy.or.jp　電話：03-3513-6969〉